ちょっと旅に出て

夢野良平

YUMENO RYOUHEI

海鳥社

はじめに

私は福岡県宗像市で「夢野農場」を営んでいます。この『ちょっと旅に出て』は、農閑期にいろんなところに出かけて、それをまとめたものです。

専門的に歴史や民俗を研究されている方々とは異なり、ふとした興味や疑問を歴史や民俗と結びつけ、その世界で遊び、感じたことをまとめてみました。そういう意味では、学問的な常識とは異なっていることが多々あると思います。

しかし、私がなぜそのようなことを考えたのか、これはなかなか説明しにくいことです。私のことを、少し話さなければならないような気がします。

一九六三（昭和三十八）年、私が六歳のころ、子供たちはみんな外で遊んでいました。当時はテレビゲームはおろか、テレビもありませんでした。

ヘリコプターの音がすると子供たちは外の広場に集まります。ヘリコプターが撒く広告ビラを集めるのです。ガキ大将の合図のもとに駆け出し、拾った枚数を競うのです。そして次は道端に捨てられたタバコの空箱集めです。なかの銀紙（アルミ箔）が必要だったのです。銀紙をまとめて玉にかためてボールにして遊ぶのです。そんな時代でした。

一九六五（昭和四十）年、大事件が起きます。私が住んでいた辺りの水田に、農薬の大量散布が始まったのです。田んぼにはドジョウや水生昆虫たちが死んで浮かんでいました。それまで水田は、稲作という経済活動だけではありませんでした。子供たちの遊び場、勉強の場でもあったのです。私は田んぼの所有者に怒鳴り込みましたが、すぐ追い返されました。

この辺りの田んぼのドジョウは全滅してしまいました。しかし、翌年の梅雨のころ、田んぼのあたりから少し登った公園の砂場が池になるようになりました。すると、その小さな池にドジョウたちが大量に群れていたのです。

不思議な現象です。ドジョウたちが砂場をせき止めて池にして繁殖していたのです。田んぼに行けなくなった彼らは必死に生きていたのです。私が有機農業を始めようと思ったのは、この事件がきっかけのひとつです。

大学も、農学部を選びました。しかし大学の授業は、自分が思っていたものとはずいぶん違っていました。

そもそも、私にとっては、高校であれ、大学の授業でも、全く受け入れることはできませんでした。

そんなおり、梁瀬《やなせ》義亮《ぎりょう》氏の『有機農業革命』（ダイヤモンド社）という本を読んで感動し、無農薬の野菜を作って売って暮らしたい……、そう思いました。

農業は自然と共に生きる仕事だと言われています。現在の私は、大地の上に足を踏みつけて、土地を耕し、種を蒔き、大地から芽を出した植物という命を収穫して、販売して日々の糧を得ます。

ニワトリたちは、ゲージに入れられることはなく、地面を踏み、虫や草を食べています。そんなニワトリの卵と肉をいただきます。ヤギたちも、わずかばかりの草を食べるだけで、何の愚痴も言わず、やさしい目をしています。私たちは、ヤギから乳をもらいます。

糞は堆肥の材料ですし、家庭から出た生ゴミはニワトリの餌ですし、いらなくなった木材、枝は、五右衛門風呂やカマドの燃料となります。五右衛門風呂につかると、体の芯まで温まります。カマドでご飯を炊いておにぎりでもして食べると格別です。

農業は当然収入は少ないですが、別のはかりしれないものを得ることができます。

台風や梅雨の大雨などにはオロオロしますが……。

そんな農業にあこがれ、この仕事を根っことして生きることにチャレンジしたのです。

農業は、仕事が無限にあります。同時に時間もあります。私は、仕事人間的な農業をやりたいとは思いませんので、私の興味や疑問があればそのことに夢中になります。農業はそうしたことが許される仕事でもあります。

夢中になったひとつに野鳥があります。夢野農場には多くの野鳥が集まってきます。畑仕事をしているといろいろな野鳥のさえずりが聞こえます。ただの雑音としか感じられない時代もありましたが、農場にいると心が休まります。彼らの名前を知りたい。私は野鳥マニアにもなってしまいました。

農場ではニワトリを放し飼いにしているので、安心してヤマショウビンなどもやってきます。また、宗教などについてしばらく考えていたりしますと、日本人とはなんだろうという疑問が出てきます。

そこで、日本の各地を訪ねてみることにしました。それが、この本の前半です。日本人として日本の歴史をそれぞれの地で感じてみたいと思ったのです。本来は、若いときにやっておかなくてはならなかったことであり、やり残していた宿題、やっておかなくてはならなかった宿題です。学校の宿題はさぼってよかったかもしれませんが、遅ればせながらチャレンジしてみました。

水泳も同様です。私は学生時代、泳げませんでした。人間は歩くことはできても空を飛ぶことはできません。しかし、水の中を泳ぐ能力は身に付けておきたかったのです。私が泳げるようになったのは、四十歳近くなってからでした。

九州、沖縄を中心として、日本海沿いに出雲、若狭、能登、佐渡、そして青森と北上しました。対馬暖流に乗った、古代の海の道をたどりました。古代においては九州から日本海沿いが先進地だったようです。

後半はパプアニューギニア編です。日本人としてはじめて入った村などでの珍道中です。私にとっての初めての異文化接触です。

なぜ？　どうして？　村の方たちは何を言いたかったのか？

理解に苦しまれるかもしれません。私にもまだ分からないことがあります。おそらく多くの方にとって未知の世界だと思います。どうぞご期待ください。

二〇〇六年九月二十日

夢野良平

ちょっと旅に出て◉目次

民俗・宗教漫遊記

「鬼」をめぐる旅

国東半島・成仏寺の「鬼会」

一九九八（平成十）年二月一日、大分県国東《くにさき》半島の山奥にある成仏寺を友人と訪れた。この寺に千年前より受け継がれている「修正鬼会《しゅじょうおにえ》」という祭りを観てみようと思ったからである。一般的には「オニエ」と呼ぶが、地元では「オニオ」とか「オニヨ」と呼ばれているらしい。国指定の重要無形民俗文化財であり、一言で言うなら〝鬼に姿を変えた祖先を迎え、国家安泰・五穀豊穣を祈禱する行事〟である。

伝説によると、六郷満山を開いた仁聞菩薩《にんもんぼさつ》が七二〇（養老四）年ごろに始めたと言われる。六郷とは国東の地名であり、満山とは、本山（学問の地）・中山（修行の地）・末山（布教の地）、これら三山組織のことである。修正鬼会は江戸時代には二十カ所以上でなされていたそうだが、今ではここ成仏寺など三カ所に残るだけという説明であった。

国東は山奥のイメージがあるが、かつては仏教文化が栄えていた所である。日本古来の山岳信仰を根底に、神と仏が習合した修験の地である。平安後期になると豪華絢爛な寺院が建てられていたという。大分県立歴史博物館に、国東で有名な富貴寺大堂が忠実に再現されている。

五来重《ごらいしげる》の『鬼むかし』（角川書店）によると、鬼会は追儺式《ついなしき》が変化したものとも言われている。もとは朝廷で大晦日に行われていたものが、民衆化して節分の豆まきとなった。豆まきは一般に悪鬼を追い払うものだが、国東の鬼は人々に幸せをもたらす良い鬼である。民俗学的には東北のナマハゲと同様、「祖霊神」という説もある。本間雅彦氏の『鬼の人類学』（高志書院）によると、佐渡の地方では節分のとき「福は内、鬼も内」と唱えるそうだ。また私が前に聞いた話では「福は外、鬼は内」と唱える地方もあるという。

そもそも私がこの行事に関心を持ったのは、この〝鬼〟そのものに興味があったからだ。鬼とは、民族間の戦で追いやられた者たち（先住民族だろうか）であり、山に追いやられ、「山人」「山窩《さんか》」などと呼ばれた人たちではないか、という説もある。

馬場あき子『鬼の研究』（筑摩文庫）によると、山姥《やまんば》も先住民族であると思われる。深い山奥に棲み、髪はボサボサで着物はボロボロ、口は耳まで裂けていた。力は熊より強く、猿のように身軽に動き、人の心が読めたり、野鳥と話ができるという。

村人たちは彼女らを恐れ、その存在が〝鬼〟となっていったのではないだろうか。

うっそうたる足柄山から麓の里に現れ、一本のからかさの下で、空に澄み渡る美声で歌をうたい、歌い終わるとまた山に帰ろうとする美しい娘の話が『更級日記』に書かれている。この娘は男たちを陶酔させて、一夜の契りを結んだのだろうと私はイメージする。彼女は山窩であったかもしれない。

ちなみに、酒呑童子《しゅてんどうじ》という鬼を退治した武将の一人〝坂田の金時〟こと金太郎は、山姥の子だという伝承がある。もとは鬼同士であったはずが、敵となったのだ。

さて、町は国東半島の中心にあり、四方を両子山《ふたごやま》、文殊山などに囲まれた、ひっそりした山間集落である。まずは宿舎で手続きをすませ、明るいうちに成仏寺に行って下調べをする。ちなみに、この寺の由来には〝このあたりに棲む悪竜を順清という僧が岩に封じ込めた〟とあった。

お寺の方に鬼会の開始時刻を尋ねると「夜七時半だ」と言われ、行程表をいただいた。我々は宿舎に戻って一服し、露天風呂の温泉につかった。山々の景色に旅先の雰囲気を充分に満喫できた。

七時十分に寺に着く。すでに夜はふけて、空には降り注ぐような星座がきらめいている。鬼会はとうに始まっていた。行程表のとおりにはやってくれないようだ。

半鐘の音とともに、褌《ふんどし》一つの若者たちが松明をかざして、田深川《たぶかがわ》で身を清める。真冬の谷川は身を切るような冷たさであろうが、彼らは何の戸惑いもなく飛び込んでいく。

つぎに経堂で「行法」が行われる。各寺院から僧侶が集まっての勤行《ごんぎょう》である。そして「米《まい》華《か》」という豊作を願う法舞が舞われる。舞そのものに荘重な雰囲気が漂っている。ここでは僧侶が鬼の力を得て鬼に代わって祈禱してくださるのだ。少なくとも豆まきで追い払われる鬼ではなく、福をもたらしてくれる招福の鬼なのである。

さてつぎは「松火上げ」である。直径一メートル、長さ五メートルの大松明を四本作って、葛《かずら》で巻きつける。燃え盛る松明の炎、観客は固唾をのんで見守る。参拝者に火の粉が撒き散らされる。これにあたると一年間は無病息災という。

つぎは「懺法《せんぼう》」である。人間が犯してきた罪に対して懺悔するのである。そのつぎは「回向」。極楽往生のため、荒鬼たちが火のついた松明でもって参拝者を祈禱する。

そしてクライマックスは午後十一時ごろの「祈禱廻り」で、鬼に扮した若者が山の上から〝鬼走り〟する。若者たちは高い崖からも躊躇《ちゅうちょ》なく降りて、村の家々を廻るのである。我々も彼らを追いかけて家々を廻ったが、家の方からは怪訝《けげん》な顔もされずにお神酒をいただいた。

そして夜明け前、一番鳥の鳴く前に幕が閉じる。村人たちは言う。

「鬼様は山に帰られた……」

天空は依然として満天の星で輝いていたが、オリオン座はすでにもう西に傾いていた。我々は充分に満悦し、宿舎に戻って「鬼殺し」という焼酎を飲んで深い眠りについた。

成仏寺の鬼会

豊前の鬼伝説

二〇〇三年五月十三日、福岡県宗像市に住む私は、未明に家を出て、直方、田川、行橋を経由し豊前へ。まずは求菩提山《くぼてさん》に向かう。山の中腹に「鬼の磴《とう》（鐙《あぶみ》とも）」という、中宮から上宮へ登る石段がある。伝説によると〝鬼〟が築いたものだ。

昔、里に降りて悪さをする鬼に権現様が怒り、「ここに石段を一夜で築けたら山に棲まわせてやる。できなかったら出て行け」と鬼に約束させた。すると鬼はほんとうに一夜で造ってしまいそうになったので、権現様はあわてて夜明け前に鶏の鳴きまねをした。そして約束を守れなかったとして鬼を山から追い出した。それがこの石段の伝説である。

この伝説の持つ意味であるが、鬼とは何だろうか。先に私が記したように、鬼が山人のことであるのなら、山に追いやられた山人がときたま里に降りてきて恐れられた。そして権現様ともあろう方がその山人をだましたということである。

国東半島にある熊野の磨崖仏《まがいぶつ》の石段も、この求菩提山のものと瓜二つの伝説を持つ。しかし、これは本当は、どちらも「鬼が夜中に石段を造った」わけではないのではないか。鬼が山人のことであるなら、石段は昼間に造るはずである。ただ鬼は夜に活動するという定説からそうなったのではないか。山で生活する彼らは、元々この石段を通路として使用していたのではないだろうか。何が元来のものであり、何が付加され、変形させられたのかは想像するしかない。

さて私は求菩提山と尾根道でつながっている犬ケ岳に登る。この時季はみごとなシャクナゲが咲いている。

この山の名にある「犬」とは何か。かつて九州南部の隼人族は天孫族との戦いに敗れ、そして関西に侵攻した天孫族の警備・治安という役割を担い「犬」と呼ばれていたと、読んだ記憶がある。隼人族は子どもが生まれると眉間に紅で「犬」と記されたといい、その風習は今も宮崎県北郷地方に残っているという。つまり「犬ケ岳」の犬とは、抵抗し続けた隼人族の残党がここへ逃げ込み、鬼となっていったことを伝承するものではないだろうか……？　などと、想像をたくましくしていたのだが、あとで調べてみると、犬ケ岳の「犬」は、もとは「異奴」であったとのことであった。

求菩提山から下った鬼木《おにのき》という集落に、「鬼の木」というクスの大木があるが、ここにも「鬼の石段」と同じような伝説が残っている。

鬼の伝説が残る豊前の鬼の木

むかし、村人を苦しめていた鬼を追いだそうとした権現さんは「朝までに求菩提山の麓まで淵を掘ることができたら、このまま村にいてもよいが、できなかったら村から出ていけ」と約束をした。そこで権現さんは、夜明け前に鶏の鳴きまねをして、鬼を追っ払った。あわてて逃げ出した鬼は、この大きなクスの木にぶつかって死んでしまったという。このことから、この大きなクスの木のあるこの地

厳島神社に埋葬された鬼の腿と手の石碑

を「鬼木」と呼ぶようになったそうだ。

「鬼の木」の傍で田植えをされていた方と話し込む。ご主人いわく、「ここの鬼伝説は我々の親からの伝承とは異なる。先祖の言い伝えによると、鬼は山からこのあたりまで降りてきて鶏などを盗んでいた。そこで村の者がこのクスの木あたりでとっ捕まえて袋叩きにした」という。そして数キロ先の、明神が浜の厳島《いつくしま》神社の前に、鬼の腿《もも》と手が埋められた。

この厳島神社では、毎年三月五日に百手祭《ももてさい》が行われる。祭りでは「鬼」と書いた的を掛けて弓で射抜く。厄除け、悪霊退治として行われるらしい。弓で射抜くのだから鬼に対する供養や鎮魂ではないだろう。百手祭は、広島県宮島にある本社の厳島神社でも行われている。宮島では野生の鹿が島中を闊歩していて人なつこい。豊前と宮島と、両方の百手祭を見に行くのもよいと思う。ちなみにこの神社の祭神は市杵島姫《いちきしまひめ》などで、宗像大社と同様である。

久留米大善寺・玉垂宮の「鬼夜」

二〇〇四年一月七日、久留米の大善寺に鬼夜《おによ》見物に出かけた。日本三火祭りに数えられるだけあって大規模で、みごとな祭りであった。

午後九時半ごろに、重さ一二〇〇キロ、長さ一二メートルの大松明に火がつけられたときには歓声が上がった。「大善寺さんありがとう!」と女性が叫ぶ。

寺の説明によると、由来は三八六年、肥前に「ユスラ」という鬼がいて、それに大松明をかざして打ち滅ぼしたという故事による。

鬼の歴史に興味のない方でも、この祭りを一度は見てほしい。天気にも恵まれて感謝の新年であった。

大善寺の鬼夜

酒呑童子の故郷、大江町へ

二〇〇二年十月二十六日、京都府大江町に出かけた。インターネットで「鬼」を検索するうち、この町のホームページを見つけ、十月二十七日に酒呑童子祭があることを知ったからだ。

一番列車で福岡を出発。新大阪から福知山線に乗り換えて福知山へ。それから北近畿タンゴ鉄道で、十二時三十五分には大江駅に着いた。

さて、まずは大江町図書館に行き、角川書店の『地名辞典』で千原《せんばら》、蓼原《たでわら》、河守《こうもり》などの地名を調べる。千原はもともと「血原」であり、蓼原は「盾原」であったようだ。〝酒呑童子と源頼光の戦〟であろうか、戦で血の原になり、弓矢に対する盾から盾原となったようだ。この戦は伝説としてしか残っていないが、文字に記録されたものだけが歴史というが、地名として刻まれたものも永遠に残るのである。

河守の念称寺裏にある山城跡に登ると、高台からの風景はかつての多くの戦いを彷彿とさせる。中心を流れる由良川を挟んでの攻防である。全てを知る由良川は今も粛々と流れる。

その晩、私は「あしぎぬ大雲の里」の大雲塾舎に泊めていただいた。隣接した「大雲記念館」には、旧平野家住居を再生したものがあり、日本の典型的な民家の造りである。平野家はかつて大江町の大富豪であって、由良川の舟の権利を独占していたそうだ。養蚕業、酒造業、銀行業も独占していたという。収蔵品はその往時を偲ばせるもので、絵画には金箔が施され、取っ手は鼈甲《べっこう》や赤い宝石が埋め込まれている。欄間も手の込んだものばかりで、天井の板も高級屋久杉という。聞けば、この板だけで普通の家が建つ値打ちだという。十年前まで九十二歳のおばあさんが一人で住んでいたそうだが、管理が行き届かず、大江町が譲り受けて竹下元総理の「ふるさと創世一億円」を用いて修復したのだという。

翌朝未明に大江山に登る。雲海がきれいだという情報を前もって仕入れていたのだ。酒呑童子祭の日ということで途中まで無料バスが出ており、八合目の鬼獄稲荷神社まで乗せていただいた。そこからの雲海の眺めはみごとであった。（表紙写真下参照）

そのまま山頂へ向かってトレッキングする。散策コースとしてもトリプルA級である。ブナ、ミズナラなどの原生林であり、クマザサの緑が美しい。三割ほど紅葉したモミジが秋の深まり

酒呑童子も歩いたであろう山道

を感じさせる。山頂から見る雲海はさらにすばらしかった。

下山途中、岩肌が赤茶けている所がある。鉄分である。また、「河守鉱山跡」がある。鉄の採掘跡であるが、今は跡形もない。

鬼嶽稲荷から旧道に入った所にタタラ跡があり、「魔谷」と言われている。昔、この谷はタタラの炎が夜空をこがして燃え盛り、人々から魔の谷として恐れられたという。タタラとはもともと足踏み式の大きな吹子《ふいご》のことだそうだが、転じて鉄をとる炉を指すという（「タータラ」からきたとも、三十七頁参照）。ここではカラミという鉄をふいた残り滓《かす》がまだ散乱していたそうだ。ここでいつから鉄を作るようになったのかは不明である。

さて、代表的な酒呑童子伝説をおおまかに説明するとつぎの通りである。

かつて大江山に酒呑童子という鬼がいて、都に来ては荒らしまくっていた。そしてあるとき、都一の美人と言われていた池田中納言の娘・紅葉を奪い去ったという。怒った帝は源頼光に退治命令を出し、頼光は四天王と呼ばれた渡辺綱、坂田金時などを配下において大江山に向かった。そして山伏に変装して酒呑童子に近づき、毒酒を飲ませて、その隙に討ち取ったという。

それにしても「酒呑童子」というのも、妙な呼び名である。だい

酒呑童子祭にて

たいからして敵の名前を〝酒呑み〟と言うのがおかしい。「童子」というのはガキという意味ではあるが逆の解釈もある。仏法を伝承するのは本来、子どもであるという解釈（護法童子）があるので、童子というのは敬称であったかもしれない。

　酒呑童子は比叡山の修行僧であったらしい。福岡の英彦山《ひこさん》にも修行に来たという。酒呑童子の「こしかけ石」が今も残っている。英彦山神社によると、戦いに敗れた後、英彦山に逃れたが、結局、天狗にさらわれたという。近くに酒呑童子山もある。佐賀県の〝唐津くんち〟にも酒呑童子は登場する。

　ところで祭りはとてもなごやかで、気持ちが安らぐ。酒呑童子太鼓の演奏や鬼武者行列、小学生の鬼劇など、とても楽しかった。メイン・イベントは岡山県成羽町の「備中成羽社」の神楽吉備津舞（桃太郎）である。全国鬼芸能として重要無形文化財に指定されている。ようするに、桃太郎の鬼退治の物語であるが、日本の文化を感じて心から感激した。

　さて、夕方、「鬼の交流博物館」へ向かう（私は「世界鬼学会」に入っているので無料である）。博物館の展示内容はあらかじめネットで調べていたが、みごとなものである。歴史がどこかで歪曲されようとも、地域の神社なり寺なり、博物館なりで正しく伝承されていれば、それでいいのだと私は思う。

閉館まで過ごして私は近くの宿に入った。風呂に入って夕食をとり、資料の整理を済ませて床につく。

翌二十八日早朝、朝食を済ませて出発。十分ほど歩くと二瀬川渓流があり、散策する。いくつか鬼の人形が立っているが、これが実に愛嬌があり心をなごませてくれる。吊橋や「鬼の足跡」などがある。

遊歩道を過ぎた所にバス停があった。便が一時間に一本しかなく、途方に暮れていたら運良くバスが来た。すぐに乗って元伊勢内宮皇大神社前で降りる。

この神社は大変由緒ある宮で、参道もすばらしい。失礼な言い方だが、こんな所にこれほど立派な神社があるとは思わなかった。伊勢神宮を彷彿《ほうふつ》とさせる。しかし、考えてみればそれもそのはずで、ここは元伊勢である。〝お伊勢さん〟とはもともと三重県にあったのではなく、理想的な鎮座地を求め、大和をスタートして丹後など二十数カ所を転々とした後に、三重に落ち着いたという。

さて本殿に着いた。神社の方が丁寧に掃除をされていて、高い所のクモの巣もはらわれている。本殿の両側には脇宮が祀られ、それらを取り囲むように八十三の小宮が祀られている。その脇宮は三女

途中、鬼が案内してくれる

神社で、我が故郷の宗像大社の祭神である。なぜここにあるのだろう。丹後の青葉山麓にある阿良須神社でも宗像大社が祀られているそうだが、同じ海人族ということなのだろうか。

私はお守りをいただいて本殿を後にする。少し下った所に天岩戸神社がある。高千穂の天岩戸神社と同じ名前であるが、どちらかというと宗像大社の奥の院という感じだ。常緑広葉樹林の原生林で、見事な渓流沿いにある。神社から少し離れた所には〃舟つき石〃があった。

帰路、北近畿タンゴ鉄道の大江高校前に着く。空を見上げればチョウゲンボウというタカが数羽のカラスにいじめられていた。猛禽類は常に単独で行動する。カラスの群はそれをいいことにちょっかいをかける。野鳥の世界も人間と同じだ。ＪＲ福智山駅から、午後三時四十五分発の特急「文殊」に乗り込み、午後九時に宗像の家に着く。

出雲、奥出雲への旅

天若日子をさがして

出雲地方は私にとって学生時代をすごした第二のふるさとである。当時は古代出雲史など興味がなかったが、なんとなく『古事記』の解釈本などを読む中で、大国主命の国譲り神話に興味を注がれた。

出雲稲佐浜にて

天照大神が大国主命の治めている葦原中《あしはらのなかつ》国《くに》に国譲りを迫り、天忍穂耳命《あまのおしほみみのみこと》を使者に遣わした。ところが彼は逆に大国主命の側についてしまい、続く使者、天若日子《あまのわかひこ》も同様に寝返ってしまう。そのつぎの使者が建御雷《たけみかずちの》神《かみ》で、結局彼が出雲を平定する。

建御雷神が天の鳥船に乗って降り立ったという稲佐浜がある。彼はこの浜で剣を立て、その上であぐらをかいていたというが、はたして何を考えていたのだろうか。

ちなみに『古事記』によると、建御雷神は稲佐浜（伊那佐浜）に降り立って、剣を抜いて波打ち際に逆さに突き刺し、その「剣を前（さき）に座り込んだ」（『古事記祝詞』倉野憲司・武田祐吉校注、岩波書店）とある。しかし『日本書紀』では「その鋒端（さき）にあぐらをかいた」（『日本書紀』坂本太郎・家永三郎・井上貞・大野晋校注、岩波書店）となっている。砂浜に突き刺した剣の前に座り込んだのであろうが、剣の先端の上にあぐらをかいたというような解釈が広まっている。

次に私は、建御雷神がしばらく住み着いたという、島根県八束郡の鹿島神社の横にある、多《た》芸《ぎ》志《し》稲荷を訪ねた。


二〇〇三年八月二十五日午後、高速道路を小郡I.C.で降り、国道九号を北上して津和野を経由し、益田の手前から山手に入って匹見町《ひきみ》へ。渓流があり、自然豊かな風土である。

この町には天若日子を祀った若彦神社がある。『古事記』によると、彼は大国主命の娘である下照比売《したてるひめ》と結婚する。怒った天照大神は鳴女《なきめ》という名の雉（キギシ）を遣わしたが、天若日子は逆に鳴女を矢で射殺す。天照大神は本気で怒り、とうとう天若日子を殺してしまう。

また『秀真伝《ほつまつたえ》』によると、大己貴命（大国主命）の娘、高照姫《たかてるひめ》（下照比売）と優雅に暮らす天若日子に落胆したキギス（キギシ）は、天若日子に捕まった。天若日子は言う。「ふとどき者め！　密者の分際で貴人（大国主命）を批判するのか！」。そして天若日子はキギスを矢で射殺した。しかし天照神《あまてるかみ》（天照大神）はこれに激怒して天若日子を殺した、とある。

私は最初、出雲に天若日子を祀った神社はないかと思っていた。なぜ、こよなく出雲を愛した天若日子を祀らないのだろうかと思い、私は、天若日子の奥さんである下照比売を祀っている松江市の売豆紀《めつき》神社に連絡をとった（ちなみに出雲には目次《めつぎ》さんという姓が多い）。すると、そこで匹見町の若彦神社を紹介され、今回訪れることになったのである。なぜ島根のはずれの山奥に天若日子は祀られているのだろうか。

匹見町役場から車で五分の所にある紙祖八幡宮を訪ね、『石見匹見町史』（矢富熊一郎著、益田・島根郷土史会）を紹介していただく。それによると、若彦神社はもともと内谷村若屋神社であって、祭神は大山祇であった。一七五四（宝暦四）年に本殿を再建したときに若彦神社と名前を変えたそうだ。つまり、もともとは天若日子を祀ってはなかったということだ。

なぜ新たに祀ったのか？　非業の死をなした彼を憐れんでのことか。村で疫病や災難が続いたときに原因を天若日子のたたりなどと〝あてごと〟をしたのだろうか。

私としてはそこまでの推理しかできない。

若彦神社を訪れた翌日の早朝、出雲大社に向かう。神門通に「雲太《うんた》」という案内所がある。出雲工業高校の生徒が作ったという古代御本殿の模型があった。古代御本殿は〝心御柱《しんのみはしら》〟といわれる杉の大木を三本束ねて一つにして、それを等間隔で九カ所に「田」の字に組んで建てられたという。高さは四八メートルで、奈良東大寺の大仏よりも高かったといわれている。二〇〇〇年四月二十八日に巨大柱の一部が出土している。

本殿の部屋は田の字の構造をしており、御神座は拝殿から正面ではなく右手の奥にあって、左手の部屋から廻って進まなくてはならない。独特である。本殿の奥には須佐之男命《すさのおのみこと》が祀ってあるから不思議である。だから出雲大社は大国主命を祀っているのではなく、封印しているのだという説があるが、私はそのようには考えたくない。

本殿横に小さな参拝所があり、参拝者はここから拝む方も多い。〝邪悪な鬼がストレートに入ることを忌む〟のだと阿須伎《あずき》神社（簸川郡）の神主さんは言われた。

本殿横に筑紫社《つくしのやしろ》があり、大国主命の第二夫人である多紀理毘売《たぎりひめ》を祀ってある。彼女は宗像大社の三女神の一人であるが、彼らの血縁関係は複雑である。須佐之男命の子どもが大国主命であって、須佐之男命と天照大神の間の子どもが宗像三女神である。ただし、あくまでこれは『日本書紀』の記述であって『古事記』とは異なる。

天照大神の第二子といわれる天菩比神《あめのほひのかみ》が出雲大社の初代神官である。子孫は代々〝出雲国造《いずものくにのみやつこ》〟と称されて、現在は八十四代の千家尊祐《せんけたかまさ》宮司である。

さて、「出雲文化伝承館」に寄る。旧江角邸の庭園は、実にみごとであった。

館では、出雲大社の「まこもの神事」といわれる涼殿祭の紹介ビデオを見た。神事の内容は、国造が踏みつけた〝まこも〟を参拝者が持ち帰り、神棚にかざって無病息災を願う、というものだ。「まこも」という言葉自体は、『古事記』や『万葉集』などにも見られるそうで、大分の宇佐神宮でも、昭和四十六年までまこもの神事が行われていたという。出雲大社では毎年六月一日に行われるらしい。「まこも」とは、田んぼの水路などに自生するイネ科の植物である。

この神事の根本の意味は、稲作の技術を持った渡来系の人々が、先住民の人々に稲作を伝授したという伝承ではないかと、私は思う。私はお田植え神事などで、神官がモミをまき、参拝者が競って集めるというのを数カ所で見たことがある。これと同種のものであろうが、まこも神事の方が上品でやさしく、またお米を大切にしているように私には感じられた。私は感動してしまった。なお、浄土宗の寺では、まこもをお盆のお供えに用いるところがある。

つぎに松江市宍道町の石宮神社に向かった。ここには「犬石」、「猪石」がある。大国主命がこの周辺でよく猟犬を使ってイノシシを獲っていたと言われ、それらが石に変身したという伝承が残っている。

老人会の方々が掃除されていたが、こうした方々によって神社は守られているのだと感じた。

つぎに訪れたのは阿須伎神社である（出雲には小豆沢《あずきさわ》という姓が多い）。出雲市大社町にあり、祭神は天遅志貴高日子根神《あぢしきたかひこねのかみ》である。彼は大国主命と多紀理毘売との間の子どもであり、天若日子の親友である。阿須伎神社も出雲大社と同様に、本殿は田の字の構造になっており、奥には須佐之男命が祀られている。参拝を済ませたあと、曽枳能夜《そぎのや》神社へ向かった。ここには天若日子の祠と弓矢が本殿の奥にひっそりと鎮座している。

神社入口の御由緒によると、若宮社（土祖神）とある。「元は神氷《かんぴ》字宮谷にありましたものを明治四十四年四月九日に曽枳能夜神社に遷座した」という。

地元の方に尋ねるが、ほとんどの方が天若日子について知らない。水田の草取りをされていた方から、Yさんを紹介された。元社会科の先生で、古代史を研究されている。Yさんからいくつかの古文書や文献を紹介していただいたが、その中の一つ『島根の神々』（島根県神社庁刊）に「天若日子は全く姿を消してしまっている。やはり祀られるべきではないか」とあった。やはり充分な研究はなされていないようだ。

この神社の周辺には、神氷、氷室《ひむろ》、神守《かんもり》などの地名がある。私の想像だが、この地に天若日子が住んでいて、ここで射殺されて、ここに棺があるのではなかろうか。いずれ発見されることを願っている。

このあとに訪れた松江市の「風土記の丘資料館」に興味深い展示があった。〝十王免横穴群〟の壁画である。古墳時代のものらしい。鳥とも人間ともつかないものが弓矢で射られている。当時は人間の鳥に対する意識は特殊であったようだ。人間と鳥が一体になっている。

この壁画は天若日子の伝承を表したものではないだろうか。私にはそう思えてしかたがない。

鉄の歴史を求めて奥出雲へ

古代の「たたら」を見学するために奥出雲へ向かった。かつては鉄の技術を支配したものが権力を持ったものと思われ、大国主命の国譲りと関係がないだろうかと思ったからだ。奥出雲には多くのたたら場があり、私はたまたま〝菅谷たたら〟に迷い込んだ。愛車の軽トラで渓流沿いのガタガタ路を登っていく。川は鉄分のせいだろう、赤みを帯びている。しばらくして、たたら場に着いた。ひっそりと落ち着いた雰囲気がとても心地いい。川辺に降りて、赤みを帯びた石や流れをじっと見ていた。畑仕事をされていた村の女性と話し込む。

「いい所ですねえ。空気はおいしいし、静かだし」

彼女はうなずき、「上に『山内生活伝承館』という資料館があるから、雨川さんという方が案内してくれますよ」と教えてくださった。

「山内生活伝承館」に行き雨川さんを訪ねると、とても優しく丁寧に解説してくださった。現在この地には十六戸、四十名が居住されているそうだ。

ここのたたらでは一九二一（大正十）年五月まで製鉄がなされていた。砂鉄九トンと木炭一〇トンを用いて、三トンの「けら」という鉄の塊ができる。そのうちの三割が利用可能という。一二六四（文永元）年から作っていたという記録が残っている。

昔は山の斜面で自然の風を利用した〝野たたら〟であったが、一六四六（正保三）年に「吹子」の発明によって〝永代たたら〟となる。一七五一（宝暦元）年から一九二一年まで八六四三回作ったという。

火入れは三日間。「最初の日は朝日の昇る色に吹け、中日は太陽の日中の色に、三日目は夕日の色に吹け」というそうだ。日露戦争のときには二日で作るように命令されたという。近代製鉄ができるまで、ここ奥出雲のたたら製鉄が日本国家を支えていたのだ。なお、「村下《むらげ》」と称される製鉄の技師長には失明した人が多いという。長年火を見つめすぎたからだそうだ。

この一帯はリン、イオウ、チタンが少なく高質な砂鉄の産地であった。江戸時代、奥出雲の鉄の生産量は全国の六五パーセントを占めていたという。

一九〇六（明治三十九）年に水車が導入されて、窯の温度を上げる風を送るようになったという。それまでは「天秤ふいご」を用いていた。下駄状のものを交互に踏んで風を送るのだが、不安定なので天井から垂れ下がった縄を摑んで行われる。〝かわりばんこ〟という言葉はここから来たという。宮崎駿のアニメ映画『もののけ姫』でも、このような「たたら」が出てくる。

菅谷たたらと資料館には半日とどまった。タイムスリップして夢の世界に入ったようだった。まだ名残惜しかったが、つぎに「鉄の未来科学館」（吉田町）に向かう。

展示の中では、金森錦謙《かなもりきんけん》のコーナーに感銘を受けた。

ここの説明板によると、日本の近代製鉄の夜明けは大砲を製造する夢に始まるという。日本が黒船を迎えた幕末、西洋では高炉で量産した鋳鉄《ちゅうてつ》によって大砲や弾丸が作られていた。しかし、そのころまだ砂鉄によるたたら製鉄であった日本は、黒船を見て愕然《がくぜん》とさせられたのである。そこで松江藩主である松平斉斎に迎えられた蘭学者の金森錦謙らは、翻訳した高炉の設計図をたよりに、大砲を独自で製造する努力が始まったのである。

そして明治に入り、釜石製鉄所で鉄鉱石を利用した鉄生産によって、明治二十五年には全奥出雲の生産量と並ぶまでになったという。さらにその十年後の明治三十五年には七倍の量を生産するようになった。それと同時に、八幡製鉄によって完全にたたら製鉄は終止符を打った。

日本を陰で支えた人たちがいるのだ。

その夜は湯村温泉の「清嵐荘」に泊まる。露天の温泉と食事がよかった。

翌早朝、小糠雨《こぬかあめ》の中、出発である。

ここで鉄の歴史に少しだけ触れておこう。

黒岩俊郎氏によると、トルコでヒッタイトにより作られたらしい（しかし近年、トルコのカマン・カレホユック遺跡のアッシリア承認居留地時代〈紀元前二十一―十八世紀〉の地層から鋼が出土され、世界最古の鋼ではないかとされている。ヒッタイト帝国時代は紀元前十四―十二世紀なので、それ以前ということになる）。インドでは溶鉱炉をタータラと呼び、銑鉄をズクと呼んでいるそうだ。紀元前三―四世紀に、大陸からインド経由、朝鮮経由で日本に伝来したというのが一応の定説である。また黒岩氏は、中国が、鉄の技術を韓と倭国に流したと記していた。『三国志』のなかの「東夷伝通典辰韓伝」に〝鉄を取ることによって従った〟とあるらしい。

さて、私は安来市広瀬町にある金屋子《かなやこ》神社と「金屋子神話民俗館」に向かう。

この神社は製鉄の神として厚い信仰を受けているそうだ。由緒によれば、金屋子神が白鷺《しらさぎ》に乗って、ここ広瀬町の桂の木に降り、鉄の技術を伝えたという。金屋子神は「今から鉄器を作り、悪魔降伏、民安全、五穀豊穣のことを教えよう」と話したという。

北朝鮮にある高句麗五盔墳《ごかいふん》四号墳奥室には、鍛冶神の図や、鶴に乗って鉄技術を伝えたらしい様が描かれている。この壁画は鶴であるが、金屋子神の白鷺伝説と同列とみていいだろう。龍も興味をひく。奥出雲の八岐大蛇《やまたのおろち》の伝説と関係があるのではないだろうか。「高句麗から鉄技術を持った集団が日本へ渡来し、北陸地方で『越《こし》』なる民族を形成し、さらに出雲まで進出してきた。そして、新羅から来た須佐之男命が、彼ら鉄技術集団を支配した」という説があるが、私はそれに納得している。

ここで、林房雄氏の『神武天皇実在論』（光文社）から紹介したい。

南蒙古系のツングース族（現在のオロッコ族と同一系統の部族）で、最初の移住は約三千八百年前であった。これが秋田《あきた》、佐渡《さど》、越後《えちご》、能登《のと》などに上陸分布した古志《こし》（越）の民衆である。さらに六百年ほど遅れて、シナの古典にでる粛慎人《しゆくしんじん》（扶余《ふよ》族）がリマン海流に乗って朝鮮東岸づたいに南下し、日本海を渡って出雲《いずも》に上陸し、出雲民衆となった。これは日鮮人《にっせんじん》を形成した重要な人種要素で、後に「天孫族」と呼ばれるのは、このツングース族であろう。第三回の移住は二千六百年ほど前で、対馬、壱岐を経て九州に上陸分布して日向《ひゅうが》民衆となった。

ただし、二〇〇四年四月に石川県の能登を訪ねた折、歴史資料館を見学してみたが、ここでは残念ながら「越」の痕跡は確認できなかった。どうも新潟まで行かなくてはならないようだ。高句麗は滅び、北に逃れて渤海を興す。その渤海から、七二七（神亀四）年以降、二百年にわたって三十四回も能登への来航があったという。つまり、大陸との玄関口のひとつが能登半島であったのだ。充分、可能性はあると思う。

JR亀嵩《かめだけ》駅に寄る。亀嵩といえば、松本清張の不朽の名作『砂の器』の舞台である。私は二十五年前にもここを訪れたが、今思うに清張がこの地を舞台にした理由は、たたらの歴史を伝えたかったからではないだろうか。

さて「金屋子神話民俗館」には多くの豪族の古墳からの出土品が展示されていて、さびてボロボロになった鉄剣がいくつかあった。昔、王たちが所持していたころは光り輝いていたのだろう。今は実にみじめな姿である。これらの鉄剣ができるまでに多くの苦労があったろうに……。

荒神谷遺跡と加茂岩倉遺跡から出土した銅剣や銅鐸は祭祀に用いられていた。磐座《いわくら》として神の降臨を願ったのであろう。鉄の技術が導入されると、鉄を所持した者が支配者となったのではないかと思う。人間は自然を支配し、人間をも支配し、自分が神になろうとしたのである。

両遺跡は後世に伝えるタイムカプセルとして、文字などではなく魂で今、私たちに語りかけてくれる。

私が短期間に追いかけた出雲古代史は、まさに〝点と線〟であって立体的ではない。さまざまなことを思い想像しながら、私は後ろ髪を引かれる思いで出雲を後にした。いつかまた来なくてはならないと思いながら……。

丹後若狭湾の旅

古代の海を渡った丸木舟

私は空路で伊丹空港に到着したあと、ＪＲに乗り換えて福知山へ。そこでレンタカーを借りて京都府舞鶴市に向かった。第一の目的は、浦入《うらにゅう》遺跡から発見された丸木舟を見るためである。

舞鶴市教育委員会の資料によると、放射性炭素の測定の結果、約五三〇〇年前のものだという。幅一〇〇センチ、推定長一〇メートル（残存長四六〇センチ）、材質は杉である。用途は外洋の目的であり、海外との交流の証であるという。実物は「中総合会館」に展示してあった。写真を撮った後、教育委員会のＹさんを訪ねて資料などをいただく。

ロシアのウラジオストックを中心とする遺跡から発掘された黒曜石の石鏃《いしやじり》のうち、五〇パーセントが隠岐島産であり、四〇パーセントが北海道の赤井川産であったという。黒曜石は粘状のマグマが急速に冷え結晶化せずにガラス状になったものである。割れ口が鋭い。

縄文時代は海外との交流が活発であったようだが、それを実証する舟の存在は考古学的に重要である。

舟の製造方法は、丸太の中心を乾いた草で焦がして、その部分を斧で削ったらしい。私は実際に石斧で丸太を削ってみたことがあるが、なかなか難しい。大変な作業である。「舞鶴市郷土資料館」には、その目的で使用したと思われる石斧が展示してあった。資料館の説明によると、発見された状況が刃先を南に向けて重ねてあったことから、捨てられたものではなく埋葬のようであり、大切にされていたようだ。

さて材質の杉であるが、私はこれがレバノン杉の可能性はないかと考えていた。シュメール族がかつて、日本にやってきたらしい痕跡は各地にある。山口県下関の彦島に「杉田岩刻画」があるが、この人物形と図形がシュメール文字だという、とても大胆な説もある。ただし、これらは考古学的には実証されてない。彼らはレバノン杉をくりぬいた舟で世界中を航海したという。私はこの浦入遺跡の丸木舟にその痕跡を見つけたかったが、しかし残念ながらその可能性は薄い。資料館で尋ねてみると、レバノン杉ではないとの返事であった。

日本テレビの「特捜リサーチ２００Ｘ」というテレビ番組で、「秋田美人の謎を探れ」という特集があった。東京大学名誉教授の山川民夫氏の研究によると、かつて秋田地方にヨーロッパ系民族がやってきた可能性があるという。東京大学医科学研究所（当時）の余郷嘉明氏が体内のヒトポリオーマウイルスを調査した結果、ＥＵタイプのウイルスが秋田地方に存在していて、これはヨーロッパを形成したコーカソイドの集団のものであるという。また、秋田犬の血液の赤血球糖脂質は、Ｎアセチルノイラミン酸を持つＡ型であって、これはヨーロッパの犬と同様であったという。それらが対馬暖流に乗って北上してきたのか、北から来たのかは不明である。

現代の舞鶴港にはロシアから大量の木材が持ち込まれ、多くのロシア人などが町中を自転車で走っていた。

徐福伝説

ここ丹後にも徐福《じょふく》伝説がある。中国の秦の時代、今から二二〇〇年前に、不老不死の薬を求める始皇帝は徐福に命じ、三千名を東へ遣わしたという。そして徐福は「平原広沢」を得て留まり、王となって帰らなかったという伝説である。

これは中国の歴史書『史記』によるものである。しかし日本では正式な歴史書に残っていないので、伝説でしかない。『秀真伝《ほつまつたえ》』という書物に記されているが、これは歴史書として認められていない。『日本書紀』に記されていれば〝歴史〟となったのだが……。ちなみに、中国において最も古いといわれる正史の歴史書は『史記』であり、日本においては『日本書紀』である。

丹後の伊根町にある新井崎《にいざき》神社の祭神は徐福である。この地方に自生する「黒茎のヨモギ」が不老不死の薬だったと伝えられている。

私は徐福研究家の石倉昭重氏にお話をうかがおうと、ご自宅にお電話した。石倉さんは初対

籠神社の葵祭りの様子

面にもかかわらず私を快く受け入れてくださった。

「文化とは何か。文化とはそこに住む人の〝くせ〟ではないか」「先祖が残してくれて、現実に目で確かめられる寺と神社がある。その成り立ちを究めることが唯一の道ではないか……」

私は長い間コタツに入っていろいろと教えていただいた。

一九九四年に大田南五号墳から発見された「方格規矩四神鏡」には「青竜三年」（二三五年）と記されているそうだ。その図柄からして道教と風水の思想であって、中国とかかわるものだと石倉さんは言われた。だとすると、この古墳は徐福と関係するのではなかろうかとの思いが残るが、今回の旅ではここまでが限界である。

籠神社の葵祭り

四月二十四日は籠《この》神社の葵祭りである。実にのどかなものであった。

この神社は、極めて由緒ある神社らしい。宮司家である海部氏の家系図は日本最古であって、国宝である。天皇家より古いのである。主祭神は天照国照彦天火明命で、天照大神は脇で祀られてある。

『丹後国風土記』には五穀と養蚕の技術をもたらしたと記されているようだ。

ここには「さざれ石」がある。この小岩が集まって大岩になるといわれている。日本国家「君が代」の世界である。奥宮には、ここの神様が生まれたときに使ったといわれている〝産《うぶ》盥《たらい》〟があった。

また、みごとなミツバツツジがある雪舟園からの景色は素晴らしかった。有名な天橋立が神社とつながっている。子どものころは、天橋立のことを、さぞや立派な人工の橋があるのだと思っていたが、実際は長く大きな砂州《さす》であって、松林が連なっている。高天原へと結ぶ神の橋であったのだ。記念に浜石を一つ拾って帰路についた。

九州縦断、阿蘇―日向への旅

阿蘇の幣立神社へ

二〇〇〇年八月、熊本県阿蘇郡蘇陽町《そようちょう》にある幣立神社を訪れた。私の農場を手伝ってくれているY氏とともに、愛車の軽トラでのドライブである。

幣立神社は創建が一万五千年前とあり、祭神は天照大神などである。由来に「宇宙神、火の玉に移ってこの地に降り、強大なエネルギーを発した。ここに宮を造り宇宙神を祀り、神の元とした」とある。これは京都の鞍馬寺に舞い降りたとされる白熱の物体と同属ではなかろうか。

この神社で有名なのは「五色面」である。黄色、白色、赤色、青色、黒色の五大人種の肌の色のお面が残っている。黄色が日本人などのモンゴロイド系、赤色がユダヤ、インディアン系、そして青色が北欧系らしい。

インターネットで検索すると、それらのお面は製作から二千年は経っていて、それぞれの地方特有の材質でできているという説を見つけた。本当だろうかと思い、私は確認のため神社に電話してみた。すると神社の方はすぐに否定され、「そんなこと検査していません。インターネット上には幣立神社の〝専門家〟が多くいて、好きなことをしゃべっています」。

ネットをそのまま信じると、とんでもないことになる。ともあれ昔、世界中から色々な民族が集まり平和を語り合ったとしたら、おもしろい。オリンピックの五輪の色はここから来ているという話もあった。もし本当にそうであったら、おもしろいことだと思う。

さて、私が訪れたときは五年に一度の祭りをやっていて、さほど広くない境内は人でごったがえしていた。東京あたりからも観光バスを連ねて来ていた。五色面が公開されるとあって注目されたが、この日は公開されなかった。神社の方の話によると神様の機嫌が悪いのだそうだ。それではしかたがない。

神話の里・日向へ

二〇〇二年二月十日より、宮崎県、日向《ひゅうが》を旅した。日向には神話の世界、『古事記』の世界がそのまま残っている。

ところで「神話と歴史の境界線」なるものは存在するのであろうか。酒呑童子の世界においても、彼を退治した源頼光（九四八―一〇二一年）は歴史上の人物として存在するが、酒呑童子は『御伽草子』の中でしか存在しない。頼光も酒呑童子を退治したとは歴史学上にない。

さて、朝九時に宗像市を出発し、途中、高速道路の霧島パーキングで一休みした。四方に霧島連山が見える。新燃岳《しんもえだけ》、韓国岳《からくにだけ》、そして夷守山《ひなもりやま》である。

夷守山……。「夷」とは「未開の人」という意味があるようだ。蝦夷《えみし》など、ようするに先住民族である。先住民族が守り続けた山ということか。『魏志』「東夷伝」では、中国の東側の民族はすべて〝夷〟としていたようだ。中華思想というものだろうか。

霧島パーキングを出発して宮崎へ向かい、日南市の鵜戸《うど》神社に到着。海辺の岩場の洞窟である。神社の説明板によると、ここで神武天皇の父・鵜葺草葺不合命《うがやふきあえずのみこと》は豊玉比売《とよたまひめ》から生まれた。豊玉比売の夫は山幸彦（日子穂穂手命《ひこほほでのみこと》）である。鵜の羽で産屋の屋根を葺《ふ》いたという。

豊玉比売は出産の際、「これから出産します。決して中を見ないでください」と夫に言う。山幸彦としては、見るなと言われたら見たくなる。彼が中をのぞくと、大きなワニ（現在のサメ）の姿があった。

南那珂郡の潮嶽神社にて

姿を見られた豊玉比売は子どもを残して去っていったと伝えられている。

見るなと言われたら見たくなるのは当然だ。つまり見るなというのは「見ろ！」ということだ。ほんとうに豊玉比売は見るなと言ったのだろうか。

洞窟入口の崖下に「亀石」という巨石がある。豊玉比売が竜宮から来たときに乗ってきた亀とされ、彼女がワニになってしまったので亀はここに取り残されたというわけだ。今では願掛けの場になっていて、亀石の窪みに「運玉」という陶製の玉（五個で百円）を、男は左手、女は右手で投げ入れる。一個ずつ願いをこめて投げ、うまく入れば願いがかなうそうだ。

潮嶽神社に供えられた猪の頭

翌朝、南那珂郡の潮嶽《うしおだけ》神社に向かう。山幸彦の兄である海幸彦（火照命《ほでりのみこと》）を祀っている。山幸彦との権力争いに負けた海幸彦が逃げ帰った所となっている。この地方では縫い針を他人に貸してはならないという。海幸彦が山幸彦に釣り針を貸したために悲劇が起きたからであろう。ただし、私が訪れたこの日は神社の祭りだったせいか、とくに海幸彦にこだわったものには見えなかった。

神へのお供えとして、祭壇に猪の頭が供えられている。高千穂地方では天正年間の一五九〇年ごろまで、「鬼八」という鬼の霊を鎮めるために、十六歳の娘を生贄《いけにえ》として捧げていたという。しかし、岩井川の城主・甲斐宗摂がそれは可哀相だと、娘に代わって四×四＝十六で十六頭のシシ（猪）の頭を捧げるようになったそうだ。

この地方では、子どもが生まれて神社へ初参りするときに、額に紅で「犬」という文字を記すらしい。これは隼人の証という。額に紅で記すのは入れ墨の名残であろうか。

祭りでは娘さんたちが舞を捧げる。男が神楽舞を披露する。中央に吊るされた天蓋《てんがい》は大宇宙を表現しているそうだ。「鬼神棒」を持っての舞である。

松本清張の『古代史疑』（中央公論社）によると、ここでいう鬼

モミを撒く神主

は俗にいう鬼ではないらしい。シャーマニズムの時代において霊的な力を持った神ではないかという。『魏志』「東夷伝」において、高句麗や馬韓においても「鬼神を祀る」と記載されているらしく、鬼神なるものは日本だけではなく、朝鮮半島、満州、蒙古を含めたウラル・アルタイ系のツングース語文法の範囲と一致するらしい。少なくとも中国語系でも南方系でもない。

つまり蒙古、満州、朝鮮、日本と渡ってきて、九州の南部までその文化が広まったということであろうか。由水常雄氏は『ローマ文化王国新羅』（新潮社）のなかで、ガラスの渡来のルートについて触れており、ローマ―新羅―日本、という道を推理されていた。

さて、祭りの締めくくりは神官によるモミの散布である。参拝者は競ってこれを拾う。神棚に飾っておくと無病息災という。このような行事を今日まで伝え残してこられたことに、私は素直に感動した。

佐賀県の竹崎観音鬼祭りに立ち寄ったことがある。「童子の舞」においても、モミを撒いていた。穀物などの豊作を願うものらしい。

帰りがけ、出店にあった「あく巻き」を食べた。蒸したもち米を軽くつぶして棒状にし、灰汁で煮る。それを竹皮で包んだものだ。初めはいったい何だろうと思ったが、食べるとこれが実においしい。これも今回の旅で得た収穫の一つであった。

西都原古墳へ

二〇〇三年正月二日、宮崎県西都市の西都原古墳に出かけた。
途中で大根を大量に干している風景があったのでシャッターをきった。この地方の特産品、割干大根である。実にのどかな風物詩だ。

西都原遺跡は実に大きな遺跡であった。大小約三百基の古墳があり、国内最大級という。最も大きいのがオサホ塚とメサホ塚で、邇邇芸命《ににぎのみこと》と木花佐久夜毘売《このはなさくやひめ》の墓とされている。海幸彦と山幸彦の両親である。弥生後期から古墳時代にあたり、他の古墳と異なり大きな柵でめぐらされ、中に入ることはできない。私は最初、これらの古墳がどこにあるのか分からず、探して柵の周りを車で回ったが、ようやく謎が解けた。全体が彼らの古墳で、私はすでに中にいたのだ。探し物をしていたら、実は私は探し物の廻った中にいたということか。

六世紀末ごろに造られたという「鬼の窟《いわや》古墳」は、土塁で囲まれた円墳で、巨大な岩石を用いた横穴式石室がある。この古墳の東にある、石貫《いしぬき》神社（祭神は大山津見神）の前には「鬼の窟の石」がある。この石のいわれは説明文によるとつぎの通りである。

この地方に棲む悪鬼が木花佐久夜毘売に恋し、嫁にもらおうとした。これを断りたかった父の大山津見神は一夜で石造りの館（鬼の窟古墳）の建設を望んだ。鬼は夜を徹してがんばり、朝日の出る前にこれを完成させかけた。それを察した大山津見神は窟の石を一つ抜き取り、東の谷に投げ捨てた。そして「この宮は石が一つ欠けている。それでは娘はやれない」と言う。そうして鬼の申し入れを断った。

これがこの石の由来である。求菩提山にある「鬼の石段」の話とよく似ている。

翌日は、西都市から西米良《にしめら》、椎葉、五ケ瀬、高千穂と走った。西都市から西米良へのドライブコースは最高で、みごとな渓谷であった。

西米良に入ると小川という集落へ向かう。しかし、いつまでたっても山また山である。不安になるがどうにかたどり着き、民俗資料館や民話館を訪ねた。

この米良地区は菊池一族の直系米良氏が治めた地である。菊池氏は肥後守護職をにない、肥後一帯を支配し、勤王の志が厚く、一三九二（元中九・明徳三）年の南北朝合一に際して菊池一族は南朝を支持し、天皇の御親政を望みに託して回天の時を待っていた。しかし宇土為光の乱によってここ米良に落ち延びたという。その後米良氏を名乗り、戦国時代を生き延び、江戸期は島津の重臣の一人として明治を迎える。

私はまた来ることを心に誓って、西米良の村を後にした。国道二六五号線を北上して椎葉へ向かう。りっぱな国道である。信号機は全くと言ってもいいほどない。宮崎県を北上するときには海岸沿いの一〇号を通るのが普通のように思われるが、九州山地を縦走する二六五号の方が私は好きである。

ここ椎葉も平家の隠れ里と言われており、峠から村が見渡せる。一山ごとに民家がぽつりぽつりとある。よくまあ、こんな所に何百年も住んでこられたものだ。それだけで国宝級だと思ってしまうような所である。源氏との戦いに敗れた平家は服従しなかった。服従しないなら死ぬか逃げるかである。そんなわけでこんな山奥まで逃げてきたのだろう。

私が石川県の能登半島を一回りしたのは、ここ西都原に訪れた一年後、二〇〇四年四月であった。そのとき、たまたま〝本家上時国家《かみときくに》〟の建物が保存されていてここを訪問した。一一八五（文治元年）年、平家が壇ノ浦の合戦で敗れた後に、平時忠の子・時国はここ能登半島に移り住んで豪農となった。

平家の武士の多くが殺され、または椎葉などの山奥まで逃げこんだというのに、なぜか時国家は豪商になれたのか。

それは、壇ノ浦の海に沈んだと思われていた三種の神器のうちのひとつ、鏡を時国が所持していたからである。源義経はこの鏡と引き換えに、時国の命を取らずに、能登半島に配流するだけで済ませたのだ（「帰座の功」という）。江戸時代には大庄屋を務め、名字帯刀も許されている。

私が住む宗像にも、平家の伝承がある。『平家物語』によると、西へ逃れた平家一行は、壇ノ浦を通り越して大宰府に助けを求めるが、拒否されてしまう。そこで壇ノ浦まで戻り、最期の決戦に備えることになるのだが、その途中、宗像の垂見峠で安徳天皇が足を傷めたようなのだ。

「御足よりいづる血は沙《いさご》をそめ、紅の袴は色をまし白袴はすそ紅にぞなりにける」（『平家物語』日本古典文学体系、岩波書店）

垂見峠には宗像市教育委員会の説明板が立っており、平清盛が壇ノ浦の敗戦の後、清盛の孫である信盛らが宗像に落ち延び、その後金脈を発見し、井上、大賀など改名して、今日に及んでいるとあった。

私は椎葉を後にして五ケ瀬を通り、高千穂に向かった。目的は高千穂神社の境内にある荒立神社である。猿田毘古と天宇受売《あめのうずめ》が新婚生活を送った所といわれている。

『日本書紀』によると、天照大神の天降りのときに「天と地の分岐点」に光り輝く男が立っていたとある。猿田毘古である。そこで天照大神は、「男はみんな面食いだから、あなたが行って話をしてきなさい」と天宇受売を向かわせる。天宇受売は胸もあらわにかき出して、裳紐《もひも》をへその下まで垂らして笑いかけると、猿田毘古は「あなた方一行を道案内します」という。これが猿田毘古と天宇受売の出会いである（『古事記』では、ただ出会って道案内したとしか記されていない）。このことから、猿田毘古は道の境界などに祀られ、道行きの神とされているのだろう。そして二人はこの荒立神社で新婚生活を送ったと言われているのだ。

以前、ある書物でこの神社の二人の木像を見て心を引きつけられ、実際にこの目で見たいと思ったのである。神社の宮司さんに電話でその旨を話したら、「よろしいですよ」とのこと。私は早速出向いて拝ませていただくことにしたのだ。

実に魂の入った木像であった。猿田毘古はとてもやさしそうな面持ち。一方の天宇受売はもの悲しく、したたかで、そして色っぽかった。

荒立神社の猿田毘古と天宇受売

再び西米良へ

二〇〇三年十二月十三日、私は再び西米良を訪れた。前年の一月に立ち寄って以来である。澄んだ空気と一ツ瀬川の清流に心を癒され、また来ようと誓っていたのだ。今回は「植物友の会」のMさんらと三人旅である。

早朝の七時半に宗像市を出発し、高速道路で熊本の人吉まで。そして国道二一九号を一路、西米良へ向かう。昼前には村所《むらしょ》という村の中心地に着いた。

川原でMさん手作りの松露《しょうろ》入りきのこ御飯をいただこうとすると、カワガラスが我々を出迎えてくれた。清流にしかいない野鳥であり、私がこれまで確認できたのは彦山川だけである。なにげないことだが、自然が生きていることを示すものだ。これらは、お金に代えられない大切なものだ。

ちなみに松露とは、松林に生える、丸い玉をした風味のあるキノコである。砂場がわずかにできたひび割れを見つけ出して掘りだすので、かなり大変である。私はときどき松露を採りに行くことがあるが、好天のときは頭上の松の実がはじけて、それをメジロなどの野鳥が食べに来たりする。

そのあと天包高原をドライブする。日本晴れのもと、霧島連山はみごとであった。しばらくして小川という集落に入る。米良神社では石長比売《いわながひめ》を祀っている。伝説によると、邇邇芸命は、大山津見神《おおやまつみのかみ》の娘、石長比売を美人でないからと振ってしまい、その妹である木花佐久夜毘売と結婚する。石長比売は落ち込んで、この小川地区に隠遁したとされている。一七〇三（元禄十六）年まで、彼女の毛髪がこの神社にあったという。実際に残っていたら、ぜひとも見てみたいと思うのだが、残念ながら、伝承だけのようである。

夕方、我々は「西米良温泉ゆた～と」に入った。泉質はかなりよく、肌がツルツルしてくる。町内者も町外者も同様に三百円なのがうれしい。民宿で猪鍋や鹿肉などを食した後、今回の旅のメインテーマである神楽見物に向かった。

上米良地区の矢村神社で舞われた神楽に、私はすっかり魅せられてしまった。周りはみんな酒を飲んでいて、私も村人から勧められるが、飲酒運転になるので残念ながら断った。神楽といっても主役は村人の宴会である。神楽の最中で、無礼講の大騒ぎである。これが村祭りというものだろう。

矢村神社の「矢」から、天若日子と関係があるのではないだろうかと私は連想した。このことを村の人に尋ねると「明日、わしの家へ来い」と言われたが、一人旅ではなかったのでお伺いできなかった。残念である。

未明の四時過ぎに宿に戻る。星がきれいで、天の川がみごとだった。

青森格安チケットの旅

縄文遺跡をめぐる

青森へ旅した。以前だと、このような場所へは出かける機会はなかっただろう。電車だとたどりつくまで二日がかりである。しかし今では飛行機の格安チケットを利用すれば手軽に出かけられるようになった。ありがたい話である。朝十一時の出発で十三時すぎには青森に着いていた。

さすがに涼しい。爽やかな空気だ。カーナビ付のレンタカーで青森周遊である。

八戸市に是川《これかわ》遺跡というすばらしい縄文遺跡がある。「八戸市縄文学習館」の白石さんに案内していただき、土偶のレプリカを特別に売っていただいた。二〇センチほどで、三四〇〇年前の縄文時代の土層から出土したもののレプリカだ。女性で手を合わせて祈っている。何に対して祈っているのだろうか。服装は豪華だし髪は伸ばして、かんざしでとめている。お尻の穴まである。鼻は高く、目や口は芸術的である。

この時代の食料は、サケ、貝などの魚介類、木の実はドングリなどである。稲作と異なり、貯蔵ができなかったために、階級、貧富の差はあまりなかったのではないだろうか。戦争もな

土偶のレプリカ

く平和な時代が数千年続いたのかもしれない。

八戸市の周辺には一戸から九戸町まである。これはかつて大和朝廷が、アイヌ、蝦夷との境界に砦のようなものを辺り一帯に建てたらしく、このことから、蝦夷との境界という意味が「戸」にはあると、現地の人から説明を受けた。また、江戸時代に下北半島に残っていたアイヌは北海道に渡ったという。下北半島の宇曽利《うそり》とか宇陀《うだ》などの地名はアイヌ語である。

私は、有名な三内丸山遺跡の六本柱建物跡を見学した。遺跡の中心にあるのではなく、川沿いの入り口付近にあった。日本海から川伝いに登ってくる、異国の船を監視または歓迎するためのものであろうか。異国の人は威圧されただろう。外交のシンボルであったと私は思う。

メインロードは幅十二メートルほどである。ちなみに平安京の大通り「朱雀大路」は八五メートルの幅だ。これは村ではない。都市である。都市をまとめるのは祭祀だと思っていた。しかしこのような建物が出たとなると、外交が政治の中心であったかもしれない。

案外、今日の貨幣のようなものを村人に流通させて政治に用いたのかもしれない。岩手の遠野では、土でできた貨幣のようなものがが出土している。しかし、「遠野市立博物館」の説明では貨幣として認められてはいないが……。

三内丸山遺跡の六本柱建造（復元）

この時代、大人の墓は土葬である。楕円形や小判型の土坑墓である。副葬品は少なく生活用具が主である。小さな子どもの墓は、別の場所に土器に入れられ、丸い石が添えられている。なぜ子どもの墓だけが土器に入れられたのだろうか。弥生時代になると大人も甕棺墓《かめかんぼ》がある。ストーンサークルもあるが、権力者の墓なのだろうか。

キリスト、イタコ、仏さま

三戸郡新郷村には、なんと「キリストの墓」がある。なぜこんなところにキリストの墓があるのかというと、奇書『竹内文書』に「キリストは日本に渡った」と記されているらしく、その『竹内文書』を公開・解読した竹内巨麿が、ここ新郷村にキリストの墓を発見したというのだ。当時対馬暖流に乗って青森まで西洋人が来たことは充分に考えられる。

また、キリストの子孫とされる沢口家の家紋はダビデの紋章と同様であり、沢口家の現代の当主、豊治さんの父・三次郎さんの風貌は、眼は青く目鼻立ちが日本人離れしていたそうである（「キリストの里伝承館」の説明文より）。ここでは「キリスト慰霊祭」が行われており、「ナニヤドヤラヨウ……ナニヤドナサレデサァエ……」と唄うらしい。これは古代ヘブライ語だという。これらを考えると、キリストが新郷村にいたということも、十分に考えられると思うが、どうだろうか。

同じ宿だったフランスから来た放浪のカップルに話したが全く通じない。

下北半島を一周した。私はどうしても半島にこだわる。突き出たもの……。大きな流れから外れて留まったままのものがあるような感じがするのである。能登半島、国東半島しかりである。日本列島そのものがあてはまるかもしれない。

それから恐山《おそれざん》に寄った。ほんとうに恐ろしかった。草木はなく、岩だらけで煙が昇り、イオウの臭いが充満していた。お供えの一円玉が黒く変色している。ビニールに入ったお菓子を供えるのでカラスが群がり、人慣れしていて恐山のイメージを助長している。カラスが食い散らかしたビニールはあたりに散乱している。世界広しと言えども、カラスを飼っている聖地はここだけだろう。朽ち果てたビニールの風車が悲しげに回っている。成仏できなかった子どもを弔っているらしいが、これでは永遠に成仏できないと思う。その恐ろしさに魅せられて全国から観光客が訪れる……。

恐山にはイタコがいる。沖縄のノロと同様に霊媒者である。ホトケオロシ、口寄せによって死者の霊を呼び戻すことが可能で、死別した縁者に会いに全国から来られる。

私が泊まったのは山小屋である。夏だというのに囲炉裏を囲んだ。宿の主人と、イタコになりたいという千葉から来た二十四歳の娘さんと、わけあって死別した縁者に会いに来られたご夫婦で夜遅くまで語り合った。娘さんが「どなたかが亡くなったのですか」とご夫婦に尋ねると涙ぐまれる。

青森市の中心にある善知鳥《うとう》神社に参拝する。ここでは、宗像大社の御祭神である三女神を祀っているから関心があった。古代から宗像と青森は海路によってつながっていたのだろうか。また、「善知鳥」は世阿弥によって作られた謡曲のタイトルにもなっている。謡曲とは能で唄われる詞章のことだ。ここで、「善知鳥」のおおまかなあらすじを紹介しよう。

ある旅の僧が青森の「外の浜」に行く途中、一人の不思議な老人に会う。その老人は着ていた麻衣の片袖を解いて僧に渡し、「外の浜へ行くなら、去年死んだ猟師の家を訪ね、蓑笠を手向けてほしい」と言う。僧侶は言われるままに外の浜の猟師の家を訪ねた。そして妻子に老人の伝言を伝え、預った片袖を渡すと、死んだ猟師の形見の衣にぴたりと合う。そこで僧侶が蓑と笠を手向けて念仏を唱えていると、猟師の亡霊があらわれ、地獄で責め苦を受ける様をまざまざと見せられる。その猟師は生前殺生にあけくれ、なかでも親子の情が深いといわれる善知鳥を殺したことから、冥土で化鳥になった善知鳥に追いかけられ、責め苦を受けているのだった。そして猟師の亡霊は、どうかどうかと弔いを頼み、やがて消えうせる……。

この「善知鳥」は、今日生きている者が堅実に生きていくように呼びかけていたのだと思う。

かつては村々で、このような能が開催されていたのである。仕事を終えて集まった村人たちは楽しみ、真剣に鑑賞したのであろう。

必要な最小限の命をいただき、ささやかに生きていこう……。風流を楽しみ、春の日長を楽しみ、秋の夜長を楽しんで生きよう……。

仏教は亡くなった者を成仏させるものではない。現世での生き方をアドバイスするものだと思う。

陸奥、みちのくひとり旅

まずは手始めに

陸奥に一人旅をしたのは二〇〇六年七月十五日からだった。陸奥といえば松尾芭蕉の奥の細道であろうか。私にとっては奥深い山奥の印象をもっていた。しかし今では格安航空チケットでひとっ飛びである。遠くて近い奥の細道である。

花巻空港に降り立って、まずレンタカーで夏油《げとう》温泉に向かう。やはり、まずは秘湯で有名な夏油温泉に行かなくては……。東北地方を縦断する奥羽山脈の東側の中腹にある。秘湯には憧れるが、有名になると人間でごったがえすから秘湯にならなくなってしまう。まあとにかく行ってみた。

なかなか質のいい温泉だ。混浴なのはいいがおばあちゃんに占領されてしまっていた。

ブナの原生林はみごとであった。ブナの若葉の美しさは花にも勝ると思う。

そこで一句。

陸奥の花にも勝るブナの森

ブナの森にひとり囲まれていると感じる。人間は本来、自然とともに生きてきたのだ。草も木も動物もみんな人間と同様に魂を持ち、そのもの自体に神が宿る。我々は神とともに生きて神に守られているのだろう……。

翌朝、「北上市立鬼の館」に向かう。ずばり言って最高だった。鬼の実態を解説していただいたうえで、現代風に、芸術的にアレンジされた展示物を見る。

東北の鬼は何か……。悪路王《あくろおう》などと呼ばれた蝦夷の族長、アテルイなども、のちに鬼とされている。

この地方ではみずからを蝦夷《えみし》の末裔だと誇りにしている方が多い。この地方では鬼剣舞《おにけんばい》という有名な舞があるが、これはアテルイなどの霊を沈めるための踊りではないだろうか。

遠野に行く途中にはアヤメ園があった。岩手では今ごろ、七月中旬でも満開である。九州ではショウブであるが東北ではアヤメである。見た目は似ているが、種類は全く違うのだそうだ。いずれアヤメか、カキツバタ、ショウブかな。

蝦夷とは

東北には蝦夷と呼ばれた民族があり、朝廷が支配する大和とは別のものだった。

七四九（天平二十一）年に重大な事件が起こる。『続日本紀』によると、陸奥守《むつのかみ》であった百済王《くだらのこにきし》敬福《きょうふく》が、朝廷に黄金九〇〇両を献上したらしい。かつて朝廷は中央から任命された国守《くにのかみ》を地方においた。陸奥の国守が陸奥守である。これによって朝廷は東北蝦夷が黄金の国だと思ったのだろう。これらによって征夷大将軍をたてて東征が始まる。

朝廷が今の仙台の近くに多賀城を設置したのは七二四（神亀元）年だ。近くに柏木遺跡がある。古代製鉄たたらの遺跡である。軍事支配をするにはまず鉄なのである。さらに北上した征夷大将軍の坂上田村麻呂が胆沢城《いざわじょう》を設置したのが八〇〇年ごろである。そしてこの胆沢の地を拠点としていた蝦夷の大将がアテルイである。

アテルイはいかなる人物であったのか。百済からの渡来人ではないかという話もあるが、蝦夷は文字を持たなかったらしいので、記録は何もないようだ。ただ、坂上田村麻呂伝説に現われる悪路王が、このアルテイなのではないかといわれている。大和との長い戦いの末、アテルイ率いる北上蝦夷は降伏した。都に連れられたアテルイは、現在の枚方市にて断首され、油に漬けられて北上に返されたそうだ（枚方市牧野公園内に首塚があるらしい）。

東和町（花巻市）の熊野神社に、みごとな毘沙門天像がある。高さ四・七八メートルでケヤキの一刀彫である。平安中期に造られケヤキの一木調成仏としては日本唯一である（拝観のしおりより）。胆沢城の鬼門の方向にあり、坂上田村麻呂により守護神として造られた（ちなみに京都の鬼門の方向に造られた毘沙門天は鞍馬山の鞍馬寺にある）。

この神社では、毎年九月十九日に「泣き相撲」がおこなわれる。数え年二歳の子どもが親に抱かれて相撲をとり、先に泣いた方が負けという。かつて坂上田村麻呂が部下に相撲をとらせたという伝承である。

アテルイらがシンボルとして所持していたのが蕨手刀《わらびてとう》である。蝦夷らによって砂鉄から独自に造られたものだ。取っ手が蕨の形をしている。

各地の縄文遺跡からの出土品にはそのような文様は多く見かける。蕨手刀については、岩手県立博物館編の『北の鉄文化』（岩手県文化振興事業団）という本に整理されている。

蕨手刀は岩手地方の蝦夷のシンボルともいえると思う。三陸海岸沿いの山田市から大量の蕨手刀が出土している。この地方は山田湾という、波静かな湾が広がり、魚介類が多い採れ、蝦夷の人たちが多く住んでいた。日々の暮らしのなかで蕨手刀があったようなので、彼らのシンボルであったと想像する。刀を振り下ろすのに都合のいい形だそうだ。

遠野市の早池峰神楽を訪ねて

私は早池峰《はやちね》神社（遠野市附馬牛町）の早池峰神楽を訪れた。早池峰山は北上山地の最高峰で霊山として崇められている。神社の説明板では八〇七（大同二）年三月八日、猟師の四角藤蔵が早池峰山頂にて権現垂跡の霊容を拝して発心、山頂に宮を建造して祀ったのが始まりとある。神社の真北にあたる早池峰山の真上に北極星が輝くという。山岳信仰が基本だと思った。

北上地方の胆沢城を朝廷側が設置したのが八〇〇年ごろであるから、三〇キロ先の遠野に置かれた先峰隊のようにも想像する。

早池峰神楽の様子

私が訪れたこの年は開山千二百年とあって、記念大祭であった。私が最初に感動したのは本殿、神門などが茅葺きの屋根であったことだ。そして屋根の上では草や灌木《かんぼく》が茂っているのだ。屋根は傷むだろうけどあえてそのままにしている。神殿の上に木が茂る……。壊れたらまたみんなで造ればいい。これが、私はうれしかった。

神楽は夕方六時半から、くぐり拝殿の中心に板を渡した舞台でなされる。

「第一番　鶏舞」という垂れ幕が下りる。鶏は『古事記』の「天の岩屋戸」の場にも登場するし、神道では特別なもののようだ。

さらに「翁舞」「山ノ神」「鞍馬天狗」などの舞がつづく。さすがに岩手は義経伝説の地である。そして最後は「権現舞」で締めくくる。私は求菩提山の鬼の石段伝説を思い出した。鶏と権現様はつながっているのだろうか。

神楽はほとんどの時間は舞であるが、合間に解説がある。オノコロ島の由来や天皇家の由来を流暢に語る。『古事記』の世界である。幻想的であった。私は今回、早池峰神楽を拝見して伝統というものを感じた。伝統という重みが早池峰神楽そのものだと思った。

翌日は朝十時から本大祭で、神輿渡御に始まる。神輿を川の水で清める神輿洗い神事というものがあった。そして獅子踊りが個性的だった。「どろの木」をカンナで削り、リボン状にして束ねた「カンナガラ」というものを大量にかかげて踊る。そのカンナガラのクズを拾うと縁起がいいのだそうだ。（表紙写真上参照）

イワナの串焼きをほおばりながら焼酎一杯で酔う。

岩手の隠し念仏について

遠野に行くなら、やはり柳田國男の『遠野物語』を読まなくてはならないだろう。その中で隠し念仏、隠れキリシタンの事が記してあった。私は驚き、遠野市博物館に電話で尋ねると門屋光昭氏の『隠し念仏』（東京堂出版）や及川吉四郎氏の『みちのく殉教秘史』（本の森）などの書物を紹介していただいた。

これらの本によって前もって基本的な経緯、状況は理解できたと思った。

九州の隠れ念仏とはまったく別物のようだ。九州の場合は藩の弾圧に抵抗して、あくまで本願寺に帰依していた。それに対して岩手の場合は本願寺からも異端とされた。隠し念仏が隠れキリシタンの隠れ蓑にされていたとも及川氏は推理している。私の感触では、隠し念仏を弾圧するために、隠れキリシタンの嫌疑がかけられたように感じている。

私としては実際に調べたいがむずかしい。突然、訪ねるわけにもいかないし……。

私は奥州市江刺《えさし》の梁川《やながわ》で自然農法をやっているTさんを訪ねる予定だったので、隠し念仏のことを尋ねてみた。すると、村ではそのようなものを今でもやっていると言われる。

Tさんの家に一泊させていただくと、夜は回し念仏に詳しいSさんという方が来てくださった。今でも続いている回し念仏についていろいろとお話をうかがい、長い数珠や鐘などを見せていただいた。葬式や彼岸などのとき、大勢で念仏を唱えながら数珠を回して供養するのだそうだ。それらを収めてある木箱の裏には、「寛政六年七月十六日」と記してある。西暦では一七九四年である。伝統の重みを感じた。まるでニスをぬったかのようにテカテカと輝いている。長年の手の油で輝いているのだ。むずかしい教義や理論は必要ないだろう。だからSさんに隠し念仏とは何ぞや、などと尋ねるのはやめた。

Sさんは昔話を多く聞かせてくれた。「昔あったとや……」これがこの地方の出だし文句である。

義経一行と思わしき一行が村で一泊したそうだ。お礼に観音像をおいていったので祀っていたらしいが、現在では火事でなくなったそうだ。

義経は平泉で討ち死にしたというのが定説であるが、実は北へ逃れたという説も多い。実際ここ梁川でも残っている。このあたりは、北へ逃れる裏道であったそうだ。

戦前は村では、ほとんどの方が酒を密造していたそうだ。役人にバレると没収された上、罰金を払わなくてはならないので、役人が来ると暗号通信が出る。「ベコが離れたぞ!」とか「

トラマツがまたあばれた！」などだそうだ。ベコとは牛のことだ。トラマツはのんだくれの代名詞である。そのような暗号通信で、かつては隠し念仏に対する弾圧からのがれてきたのだろう……。

この隠し念仏の村では、回し念仏をしながら信仰を守ってきたようだ。回し念仏そのものは、福岡でも芦屋などで残っているらしい。

福岡市博物館にもお大師様講として、数珠繰りの数珠を展示してある。

回し念仏で使用する長い数珠

私は翌日、遠野から釜石に出て、三陸海岸沿いに北へ走り、そして宮古市から北上山地に入った。「川井村北上山地民俗資料館」を訪れる。失礼な言い方をすれば、こんな山奥にこんなりっぱな資料館が……、といった感じだ。そこに民間信仰として「かばかあ信仰」というのがあるそうだ。仏画の掛け軸などが信仰の対象だそうだ。カバカアは「樺皮」のことらしく、「紙のとぼしい頃樺皮に記録し伝えた土地の草分けの大家にある故」（『川井村郷土誌』下巻、川井村）とある。

そして「十月または親の命日に拝む家や、昔お寺の無かったころは、死者の枕元に掛けて成仏させた」(『川井村民俗誌』川井村教育委員会)のだそうだ。

岩手の旅の最後は、宮沢賢治の童話村を訪れる。この童話村で観たVTRの、賢治の言葉が印象的だった。

「みなさんは宇宙をがらんとした冷たいところだと思ってませんでしたか。私には小さな林や牧場などのある野原のように思えてしかたがなかったのです。」

佐渡へ佐渡へと

世阿弥が晩年を過ごした地

私が佐渡へ渡ったのは二〇〇五年十月十九日からであった。新潟空港を降り立ってタクシーで新潟港へ向かう。港に近づくと騒々しくなっていた。北朝鮮へ向かう万景峰号《マンギョンボン》が出港だという。運転士さんの話では周辺の学校は騒音で授業にならないので休校らしい。

今回の旅の写真の一枚目は万景峰号であった。

荒海や佐渡に横たふ天の河

芭蕉の有名な句であるが、芭蕉は佐渡には訪れてない。渡りたかったのだろうができないくやしさを荒海のせいにしているのだろうか……。しかし私は堂々と佐渡に渡った。新潟港からジェットフォイルで一時間である。

佐渡といえばトキであろうか。レンタカーでトキ保護センターに向かう。トキを見に行くのだ。

八十羽ほどのトキがゲージ内にいる。江戸時代には、日本を含めた東アジアに広く分布していたそうだが、日本では明治になって狩猟が許可されたために激減したという。どんどん増えてコウノトリのように野生化してもらいたいものだ。

「佐渡歴史伝承館」に向かう。からくりしかけのユニークな館である。昨今の資料館はただ歴史を伝えるだけでなく、個性的な表現や主張をしていると思う。

一二二一（承久元）年、承久の乱で後鳥羽上皇が鎌倉幕府に、北条義時追討の院宣を発したが敗れ、後鳥羽上皇は隠岐、順徳天皇は佐渡に流刑された。以降、鎌倉幕府は京都に六波羅探題をおいて朝廷を監視する。猿楽師（能）世阿弥も晩年に佐渡に流された。日蓮上人が流されたのは一二七一（文永八）年である。佐渡はかつて流刑の島でもあり、今日、このような歴史を観光に活用している。佐渡は観光の島だとも思った。

そのためか佐渡の神社の多くは今でも能舞台が残っている。佐渡初代奉行の大久保長安は能楽師出身であったので、武士のあいだで広まり、佐渡では庶民にもひろまったそうだ。しかし現在、各地区では演ぜられることはほとんどなく、本間家能舞台などでのみ上演されている。本間家能舞台とは、一八五五（明治十八）年に再建され、舞台の下には音響効果のために瀬戸産の壺が埋められており、新潟県の有形指定文化財にもなっている能舞台だ。

大膳神社にも立ち寄った。りっぱな能楽堂がある。掃除をされていた方が言う。

「能をするには衣装代、お面代、人件費がかかる。今では地区単位ではできんでノーゥ」

十月十九日に佐渡で最大の祭である相川祭があった。天領通りでの御輿隊と太鼓隊のぶつかり合いや提灯行列が見ごたえあった。

相川町といえば佐渡金山で有名である。金が大量に産出されると一六〇三（慶長八）年、相川町に奉行所が置かれ、人口が五万に達したという。かつて江戸周辺には無宿者が多く徘徊していたという。江戸幕府は彼らを捕え、佐渡の相川鉱山に送り込んだのだ。無宿人を一掃するのが目的だったのかもしれない。鉱山労働者は一、二年の命だったという。肺病にやられたらしい。鉱山労働者の抵抗は一八二一（文政四）年の水替人騒動としての記録がある。

佐渡には佐渡おけさという有名な踊りがある。踊りは九州のハイヤ節が伝わったもので、歌詞のいわれは多々あるが、金山労働者に対する佐渡奉行所の対処の仕方に抗議した唄だという説もある。

天領通りでの提灯行列

近くのそば屋に入る。メニューは「つけそば」と「かけそば」だけである。私はかけそばを注文する。すると、温かいソバだと思っていたら、出されたものは冷たいだし汁に入ったソバだった。私は言う。
「カケソバですよね。どうして温かくないんですか？」
ご主人は私のテーブルに来てソバについて解説を始める。
「ツケソバは麺をだし汁につけて食べるもの、カケソバは初めからつけてあるものだ。ソバなるものは熱くして食べるものではない。

わしのソバは一〇〇パーセントわしが作ったものだ。混ざりっけなしだ。分かったかい」

韃靼人と佐渡

翌朝、相川町の鹿の浦にある韃靼《だったん》塚を訪れる。道端にあるさりげないものだ。しかし私が佐渡に訪れた最大の目的はここである。

写真を撮っていると、近くで畑をしていたおばさんがテクテクと来られる。

「どこから来られたノーゥ」

語尾に「ノーゥ」を付けるのが佐渡方言だと知った。

「福岡からです」

「遠くから大変ノーゥ」

おばさんはこちらから尋ねる前に止まることなく解説してくださる。

「昔、子どものころ冬の夜中もよく停電していてノーゥ。暗いコタツの周りでおばあちゃんが昔話を話してくれたのさ」

「とんと話しがあったのさ……」。これがこの地方の出だし文句のようである。

この塚にまつわる話も聞かせていただいた。水害があったときなどは「たたり」だという噂が広がったり、災難があるとこの塚の死霊の仕業として恐れられたそうだ。逆に平穏な暮らしができるのもこの塚のおかげとも感じた。

相川町の韃靼塚

そもそもこの韃靼塚を訪れたきっかけは、佐渡在住の本間雅彦氏が書かれた『鬼の人類学』（高志書店）を読んだからである。今回、お会いすることができて非常に嬉しかった。「『日本書紀』の欽明記（五四四年）十二月条によると、佐渡の北部には粛慎人《みしはせびと》がいた」など、興味深い話をうかがう。韃靼人とは粛慎人のことなのだろうか。

しかし今日では、粛慎人は沿海州北部から満州にかけて住んでいたツングース族とする説が定着している（相川町史編纂委員会編『佐渡相川郷土史事典』相川町）。しかしツングース族、韃靼、粛慎人……。これらは絡み合っており、それぞれ区別、定義はできてないようだ。

そして「新潟県立歴史博物館」の資料では、粛慎人はオホーツク文化の人たちという説を立てている。こうなってしまったら私は口出しができない。

北海道のオホーツク海岸を中心として、オホーツク文化を持つ民族が、五世紀から十三世紀ごろまでいたようである。アイヌ民族が定住するより以前であり、オホーツク文化をなす。アイヌ民族は先住民族ではないという説である。

北海道には謎の文字がある。土器などに記されて多く残っているが、同じ文字が佐渡の国分寺跡の瓦から発見されている（新潟県立歴史博物館編「越後佐渡の古代ロマン」新潟県立歴史博物館）。

私は日本列島の地図を見ていると感じるのだが、古代、沿海州あたりから多くの人々が佐渡に渡来しただろう。佐渡で特技をもって島に定着して基盤をつくり、本土に渡ったと想像するのである。沖縄の琉球王朝も、離島の久高島（「神の島・久高島」の項一三一頁参照）にたどりつき基盤をつくった後に本島に渡っているのだと思う。

私は韃靼塚をこの目で見たかったのだ。

佐渡をめぐる

私は島をひと巡りする。日本海はおだやかだった。家々では海産物を干してあったり、小豆の種だしでおばあさんたちが井戸端会議をしている。

ドンデン山に登る。紅葉が始まっていた。路上に大きな糞がある。クマなのかと思ったが、放牧された牛の糞だった。山頂からの景色もよかった。芭蕉にも見せてあげたかった……。

佐渡は対馬暖流のおかげで夏は涼しく、冬は意外に暖かいそうだ。豪雪の新潟のイメージとはまったく異なる。

そこで一句。

小春日の穏やかな海佐渡の島

翌日、私は赤玉地区に向かう。佐渡の名物である赤玉石の原石を探すためだ。あらかじめ町に採取してよいことを確認しておいた。山奥にあり、杉池を中心とした杉池公園に行く。しかし訪れていたのは私だけだった。

広場は草むらになりつつあり、マムシが怖くては入れない。寂しいかぎりだが私にとっては絶好の穴場である。奥へ進むと、杉池大明神を祀っている祠がある。私はしばし瞑想する。しばらくしてさらに奥へと入り込んだ。すると野鳥たちがけたたましく鳴きだした。アカゲラを中心に野鳥たちが飛び回る。

野鳥の隠れ里を発見してしまったかのようだった。私は十数年野鳥と接しているが一度にこれほどの群生を見たことはない。まさに隠れ里である。野鳥たちは「人間が来た。人間が来た。何しに来た……」、そう言って私の周りに集まってくる。私は軽く口笛を吹いてやる。鳥たちは安心しておとなしくなった。

しばらく探すと、以外と簡単に赤玉石はみつかった。少し重たかったが、持って帰ることにする。

相川町には安寿塚がある。安寿と厨子王の物語は森鷗外の小説、『山椒太夫』でも有名である。しかし、実際は物語とは大分異なるようだ。実際に安寿たちの母は相川に連れ去られたらしい。村の方が私に説明してくださった。農家の下働きをさせられていたという伝説だ。

「子どもたちが恋しくて、あの丘でよく笛を吹いていたそうだノーゥ」

鷗外は実際に佐渡には来ていない。佐渡にも来ないのによく本など書けたものだと思う。

鷗外は「歴史其儘と歴史離れ」(「心の花」昭和一九年一月号、佐々木信綱主宰)の中で述べている。「兎も角わたくしは歴史離れがしたさに山椒大夫を書いたのだが、さて書き上げた所を見れば、なんだか歴史離れがし足りないやうである」と。

私は夕方三時半の船で佐渡をあとにした。

JRで新潟駅から新発田《しばた》駅へ。駅前から最終バスで五十公野《いじみの》丘陵にある古四王《こしおう》神社を目指す。六時三十分に五十公野バス停に下車。もうあたりは真っ暗である。ガソリンスタンドの方に神社の場所を教えていただく。帰りのバスの時間をチェックすると、六時五十分が最終だという。これは大変だ。間に合うだろうか。遅れたら帰りはどうしょう。とにかく走った。暗闇の中を走ること五分。神社の鳥居がある。長い階段を走る。真っ暗で懐中電灯が必要であった。本殿に着く。参拝して神様に言う。

「今日、私が来ることはご存知でしたよね」

私は写真を撮って、帰りを急ぐ。真っ暗な石段をころばないように急ぐ。通りがかりの方に福岡からわざわざ来た事を話す。その方はポカーンとしていた。私はバス停へ急ぐ。危機一髪で間に合う。古四王神社の神様が計らってくださったのだ。私はうれしかった。

さてさて、私がなぜ古四王神社を訪れたかというと……。

『日本書紀』斎明六年三月条によると、六五八年、越《こし》の国守の阿部比羅夫《あべのひらふ》が「蝦夷の依頼をうけて粛慎を討伐」と記載されている(当時は国守という言葉はなかったので、後の人が書き直していることが「新潟県立歴史博物館」の資料で指摘されていた。『日本書紀』は国家公認の歴史書ということで探求しているが、こんがらがってしまう)。このことから、「越＝古四《こし》」であるという説があるのだ。

『新発田市史』(新発田市史編纂委員会編、新発田市)の古四王神社の項を調べると、越と古四を結びつける事には否定的である。物的証拠がないので認められないのだ。

しかし私は納得いかない。佐渡の加茂湖や真野湾はかつて越湖、越湾と呼ばれていたそうだ。離島である佐渡で「山を越した」というのは筋が通らない気がする。

越と出雲族の関係はいかなるものか。佐渡には日本最大の勾玉つくりの集落があった。畑野の下畑玉造遺跡などである。出雲にある玉造温泉は有名である。出雲族のシンボルが勾玉であったという説は有力だ。

岩手にも「越」にまつわると思える神社がある。花巻市内にある「胡四王神社」だ。りっぱな彫刻のある神社である。

私は翌日、「新潟県立歴史博物館」に向かう。博物館はりっぱなものだった。そしてうれしいことに本日は特別に入館料が無料である。古四王神社のおはからいだと私は思った。

新潟以北では続縄文時代というものがあったらしい。縄文土器研究の大家、山内清男《やまのうちすがお》氏の命名である。

私はこの言葉にロマンを感じた。縄文時代が終わり弥生時代になっても、かたくなに縄文を守り続けた人たちがいたのではないか……。縄文土器のなかで、芸術的にも評価されている火炎式土器は、このあたりが原産地である。

私は新潟市に戻り、夕方の飛行機で帰路につく。

奈良、京都へ

奈良へ

古墳時代は、地方豪族が古墳を造って来世の住居とし、権威の象徴とした時代であった。しかし七世紀後半には終わりを告げる。丘陵が古墳だらけになり、盗掘もされた。大和政権の中央集権化が進み、六四六（大化二）年には「大化の薄葬令《はくそうれい》」が出されて、特定貴族だけしか古墳が造れなくなった。そして国家仏教による政治が始まる。

一九九八年六月、私は奈良を旅した。まずはやはり〝東大寺の大仏さん〟を訪ねる。修学旅行の気分で拝見したのだが、案の定、大きいという印象しか残らなかった。

九世紀末に「盧舎那《るしゃな》大仏造立《だいぶつぞうりつ》の詔《しょう》」なるものが発布された。全国から人々が動員されて、十年の歳月をかけ、高さ一六メートルに及ぶ大仏が造られた。国民はありがたいと思っただろうか。感動しただろうか。

東大寺・興福寺の周辺では、鹿たちが闊歩している。公園で愛嬌のある鹿たちに、あらかじめ用意していたセンベイを与えた後、興福寺《こうふくじ》へ。藤原鎌足の菩提寺である。蘇我入鹿を討つ願が成就したことにより造られたものらしい。

東金堂に安置されている「木像四天王立像」は有名である。猛々しい四天王が小さな邪鬼《じゃき》を踏みつけている。私には、鬼の目は決して悪人には見えない。歯をくいしばり、上にのしかかる武者をにらみつけている。足を折り曲げられ、手のこぶしを握り締めていた。

本堂にあった「天燈《てんとう》鬼《き》立像《りゅうぞう》」、「龍燈《りゅうとう》鬼《き》立像《りゅうぞう》」も有名である。私の中学時代の社会科教科書に載っていた。四天王に踏みつけられていた邪鬼が独立させられて、仏前に灯す灯籠を支えている。まるで先生にしかられて立たされている小学生のようにも見える。天燈鬼はくやしそうな顔をしているが、龍燈鬼はニカニカしておどけたようであり、魂を抜かれた廃人のようでもある。眉間はえぐられている（眉間は魂が宿るところと言われている）。

つぎに、同じ奈良公園にある春日大社にも足を運ぶ。藤原氏の氏神様であって、建御雷神を祀ってある。天照大神の使者として、出雲の大国主命に対し国譲りを迫った男である。春日大社の奥には若宮神社があって、天若日子を祀っている。

毎年十二月十七日に「春日若宮おん祭」が行われるという。ガイドの方の説明によると、一一三六（保延二）年、天変地異に国民は苦しみ、これは若宮様こと天若日子の祟りだという風評がひろまったという。そこで藤原忠通の発案でこの祭りが行われるようになったという。大衆の祭として一度も途絶えることなく続けられてきたそうだ。出雲地方には若宮神社はないが、こんな所で天若日子が大切に祀られていたとは、うれしい発見だった。

つぎは法隆寺へ向かう。やはり一度は見ておきたい。法隆寺といえば有名な俳句がある。一八九五（明治二十八）年にこの寺を訪れた正岡子規による「柿食えば鐘が鳴るなり法隆寺」だ。寺の正面右側にある鏡池のそばに、りっぱな句碑があった。

その後、信貴山《しぎさん》に向かう。そこにある「信貴山縁起絵巻」に興味があったのだ。平安末期の十二世紀に制作された絵巻物で、信貴山の山麓にある朝護孫子寺《ちようごそんしじ》に代々に伝えられたものである。大和絵の手法を用いて描かれた絵画と、詞書《ことばがき》で成り立っている。

信貴山の説明板によると、その内容は、信貴山の中興の祖といわれる命蓮《みようれん》に関する逸話である。彼は信濃国の出身で、奈良の東大寺で受戒を済ませるが、故郷には帰らずに信貴山に籠もった。山中で修行した後に不思議な法力を身につけたらしい。

命蓮は自らは山中にいながら、托鉢の鉢だけを飛ばして山麓の欲張り長者の元に運んだ。欲張り長者はいまわしく思って、鉢を米の蔵に閉じ込めてしまった。

さて絵巻物はここから始まる。しばらくして鉢の置かれた蔵が動き出し、宙に浮いた。欲張り長者が後を追うと、命蓮の元にたどり着く。長者は蔵を返すように要求する。命蓮は、中の米は返すが蔵は返さないと言う。「蔵」とは庶民からの搾取の象徴であろう。

残念ながら本物は奈良国立博物館の倉庫にあって、見ることはできない。霊宝館に安置されている絵巻物は江戸時代に模写されたものである。

館内には、命蓮和尚が実際に使用していたという御袈裟もあった。麻で編んだ粗末なものである。写真撮影できないのが残念だ。

つぎに、館から二十分ほど登った所にある「空鉢堂」を訪れる。絵巻物で、鉢が蔵を運んだとされる場所である。ここからの景色は生駒連山が一望できてみごとであった。

私は命蓮和尚の墓に参拝した後、下山。それから宝塚市へ向かい、富岡鉄斎美術館に立ち寄って、神戸からフェリーで帰路に着いた。

東大寺の「お水取り」

二〇〇四年三月、奈良東大寺の修二会《しゅにえ》に出かけた。「お水取り」の行事として有名であり、これが来ると春が来ると言われている。国家仏教の時代における、国家安泰・五穀豊穣のための護摩法要《ごまほうよう》である。七五二（天平勝宝四）年以来、途絶えたことがないという。

夜の七時すぎ、二月堂の上から全長六メートル、重さ七〇キロの大松明を掲げて火の粉を散らす。火の粉がかかると無病息災という。

護摩法要の「護摩」とは、もともと古代インドのサンスクリット語の「ホーマ」から来ているらしい。〝仏様へのお供え物を焚く〟という意味だそうだ。

小説家の松本清張氏は、一九七四（昭和四十九）年に発表した小説『火の路』の中で、この護摩法要に関してさらに大胆な推理をしている。護摩法要はイランあたりのゾロアスター教（拝火教）の信者が日本に伝えたというのだ。実際に八世紀にはイラン人が奈良に居住していた記録があるという。氏は自らイランにまで出向き、拝火壇などを調査している。小説ならではの思い切った推理だが、人類文明の出発点である〝火〟を信仰するゾロアスター教を、古代日本と結び付けたいという清張氏の願いから、このような説を立てられたのだと私は推測している。

実際に奈良県明日香村の高松塚古墳の壁画では、ラピスラズリという西アジアの顔料が使用されていることが東京文化財研究所の分析で分かった（二〇〇四年四月）。ゾロアスター教との関連も充分に推理される。

護摩法要とゾロアスター教のつながりの仮説において、清張氏と歴史学者の福山敏男氏との往復書簡が、「松本清張記念館」に残っている。福山氏は清張氏の説を否定されているが、清張氏はその上で小説を発表している。

清張氏がこのように大胆な説を発表したもう一つの深意は、様々な民族によって日本民族が形成されているということを確認されたかったからではなかろうか。当時はまだ天皇族が朝鮮半島からの渡来人であることすら、おおっぴらに言えない時代であった。平成天皇が「桓武天皇の生母が百済の武寧王の子孫であると『続日本紀』に記してあるので、韓国とのゆかりを感じます」と語られたのは、二〇〇一年のことである。

鞍馬山参籠

二〇〇一年七月二十一日から、京都市の北にある鞍馬山《くらまやま》で、三日間の参籠《さんろう》（山籠り）をした。

きっかけは『妖怪／百鬼巡り』（日本幻想紀行一之巻、同朋社）という紀行本で、その中の藤巻正敏氏の鞍馬山紀行に関心をもったのである。〝思い立ったら吉日〟と、早速ＪＲの時刻表を手にした。

新幹線に乗るのは二十年ぶりである。旅といえば九州内は車で移動するし、関西へはフェリーを利用することが多いからである。それにしても速い。新幹線のとんがった先端は野鳥のカワセミのくちばしをまねていて、風圧による衝撃を吸収するのだそうだ。朝一番に出て十時過ぎにはＪＲ京都駅に着いた。ここからバスで出町柳《でまちやなぎ》へ行き、叡山《えいざん》電車で鞍馬駅まで向かう。

大きな仁王門をくぐる。朱塗りの堂々とした造りで、扉の一部は一一一二（天永三）年のものという。扉の横に〝草鞋《わらじ》〟がかかっていて、賽銭箱がある。ケーブルカーもあった。九十九折《つづらおり》参道を通る。清少納言が『枕草子』の中で「近くて遠いもの」と表現しているが、実際にかなりしんどい上り坂である。

さて本堂金堂に着いた。鞍馬寺は平安時代の遺物など三百点ほどが国宝となっている。以前は天台宗の寺であったが、一九四五（昭和二十）年に鞍馬弘教を開いて、総本山となったそうだ。

にらみつけるようにして番をする狛犬がいる。しかし犬ではなく、阿吽の虎である。本尊の毘沙門天《びしゃもんてん》が出現したのが虎の刻であったからだという。ちなみに、現在の本尊は、毘沙門天王、千手観音、護法魔王尊が三位一体になった「尊天」である。

藤棚の下でしばらく横になる。京都の街中は猛暑であったが、鞍馬山は嘘のように涼しく、心地よい風が流れている。京都弁の会話が心地よい。

夕方、鞍馬寺の事務所にて「魔王殿」での参籠の手続きをする。奥の院の魔王殿での参籠は私だけらしい。山の中であり、電気などはないので、明るいうちに着かなくてはならない。私は遊歩道に入り、〝木の根道〟に踏み入った。木の根が露出して地表を這いまわり、みごとなアラベスク文様をなしている。

雰囲気はまさに〝天狗の森〟で迫力がある。鞍馬山の天狗が〝僧正坊〟であり、牛若丸（源義経）に剣術を教えたとされる。

さて、森閑《しんかん》とした中を進むと、大杉権現社に着く。かつて空也《くうや》上人《しょうにん》が修行した所である。この聖地に籠って宇宙の法を聞き、霊示をいただき、「真我」を自覚した先人は多いという。幽邃《ゆうすい》の地に瞑想して「自己見性」の活路を開き、「転迷開悟」しようとした若者もいる。

義経堂から先は自然林の極相林が続く。カゴノキ、サカキ、ヤブツバキ、ウラジロガシなど、私の住む宗像周辺と変わらない植生である。

目的地の魔王殿に着いた。拝殿はそれほど大きくない。天狗の羽団扇を模した寺紋のある白幕で覆われている。多くの巨石群の中に魔王尊のお堂があり、鎮座している。これら巨石群は盤座《いわくら》である。神が鎮座する所であり、日本庭園の源流になるのではないかと言われている。原始の信仰は〝岩上祭祀〟であって、神は天から降りてくるもので、その場所が大きな岩であったりしたのだ。

英彦山などの霊山に登ると、苔むした風倒木の上に小石が積まれている。鳥居の上にも小石が積んである。これらは岩上祭祀の名残ではないかと思う。

さらにロマンを誘うのは、地下空洞にあるとされる理想郷「シャンバラ」、その出入り口はチベットのラサのポタラ宮の地下など四カ所にあるといわれている。そしてその一つが鞍馬山であると言われている（ちなみにシャンバラの王の名は「サナート・クメラ」、鞍馬とそっくりである）。鞍馬山では五月満月の日に、魔王尊を祀る〝ウエサク祭〟が盛大に行われる。聖詩を唱えながら霊水に月光を受け、参拝者に配って全人類の幸福が祝福されるという。そして実にチベットでも、同じ日にウエサク祭という名前で行われているそうだ。

さて、魔王堂では日没までに就寝の準備を済ませ、ロウソク一本の明かりで長椅子に休む。日没はヒグラシがカナカナ……と鳴いてしめくくる。

夜半を過ぎたころ、トラツグミという野鳥のさえずりが始まった。ピー……ツー……、ピー……ツー……と透き通るようなさえずりを繰り返す。オスがピーと鳴き、メスがツーと答えると言われている。声が反響し、どちらの方向から鳴いているのか分からない。おそらく、さえずるときに大木に向かって鳴くためではなかろうか。この鳥は深夜に鳴くので恐れられ、鵺《ぬえ》という妖怪と思われていたそうだ。

鞍馬山の魔王殿

初日の参籠は終わった。

夜明けはやはりヒグラシの声で始まる。そして、カラスが一日のお勤めを始める。

私は鞍馬尾根を歩くことにした。

竜神池に着く。鬱蒼《うっそう》とした林の中にある小さな池である。白い泡の固まりがたくさんある。モリアオガエルの巣である。池の周りの樹木の枝に、泡状の卵塊を産みつける。孵化した幼生は下の池に落下して育つ。ここではマムシが番をしていた。

マムシとモリアオガエルは、ここではどんな関係なのだろうか。ただ単に〝食うものと食われるもの〟ではないように感じた。この小さな生態系で、両者は数百年存在し続けている。私はここに小宇宙を感じ取った。まさにここはシャンバラの入口といわれるだけのことはある。

細かく裂けたチャート礫《れき》の地層がある。これは深海の堆積物だそうだ。小さな空洞のある岩が多いのは、石灰岩だったところが雨で溶けて空洞になったのだ。

山籠り中でありながら、午後は下山して、散歩がてら京都の街中に降りてみた。醍醐寺《だいごじ》に行き、つぎに動物園で猿山見物をし、夕方また山に戻る。

参籠二日目である。夜中に瞑想する。

寅の刻、深夜四時に魔王尊に願いをかけるとかなえてくれるという。しかし別に願いはない。この日の夜もトラツグミの巡礼がある。そして早朝、ヒグラシが夜明けを告げ、カラス天狗が朝の勤行を始めた。

鞍馬寺は七七〇（宝亀元）年に鑑禎《がんてい》上人が毘沙門天を祀ったのが開基とされる。古くから京都北方の守護を受け持つ名刹《めいさつ》であり、平安時代には僧兵を抱え活躍したらしい。鑑禎上人の師匠が鑑真《がんじん》であり、中国からの帰化人である。

毘沙門天は別名「多聞天」とも言われる。七福神の一人であり、吉祥天は彼の夫人である。鞍馬寺には「兜跋毘沙門天像《とばつびしゃもんてんぞう》」が祀られている。「とばつ」とはチベットの「吐蕃《とばん》」のことではないかと言われている。唐の玄宗皇帝の時代に、西域から攻めてきたサラセンの軍隊から守ってくれたのが、この「兜跋毘沙門天」だという。日本は当時、京都の北は蝦夷の領域であったが、鑑真などにより京都には唐の文化が流入していた。さしずめ当時の京都の町は、唐の文化・軍事の東の境界線であったのかもしれない。そしてさらに境界線上にある鞍馬寺に朝鮮半島系の藤原伊勢人も観世音を置いたのである。

さらに私が興味を持ったのが、毘沙門天の下にいる尼藍婆《にらんば》と毘藍婆《びらんば》の二鬼を従えた「地天」の姿である。ある書物には「毘沙門天を支えている」とある。しかし「毘沙門天は鬼神の主である女神を踏みつけている」と書かれたものもある。鞍馬寺の創立縁起では〝鬼が朽木で打ち殺された〟とあるそうだが、一脈通じるところがある。私は後者の説を信じる。古代史の研究では、一つ事柄の解釈が書物によって一八〇度、異なることがよくある。一つの書物だけで判断するのは当然危険なことであろう。

私は以前、奈良のとある資料館で、龍を踏みつけた天使を見たことがある。同様に、この毘沙門天を異様に感じた。あまりに激しくて呆気《あっけ》にとられてしまう。

魔王殿から下っていった所が、「川底料理」で有名な京都の奥座敷、貴船である。そこに貴船神社がある。社伝によると、神武天皇の母であるタマヨリヒメがこの地に宮を定めたのが始まりだという。なんといっても絵馬発祥の地であり、丑《うし》の刻《こく》参りとして有名である。恨みをはらしてもらおうと書き込まれた絵馬が、たくさん掛けられている。

神武天皇のご先祖様は天から天下ったという。隣り合わせの鞍馬山は金星から下ったのだから、両者は親戚のようなものであろうか。

本殿に参拝して書物などを買い求め、山を後にする。

鞍馬温泉につかって汗を流した。鮎の塩焼きを肴に地酒を一杯ひっかけてひと休みし、夕方の新幹線で帰途につく。

夢野農場ではモズがキーキーと高鳴きして、カエデドコロの小さな花が咲きかけていた。テレビでは残暑がきびしいと言っているが、農場では初秋の香りがしていた。

島々を旅する

藍島で〝恵比寿様〟に会う

二〇〇三年五月二十日、私は友人たち数人で、玄界灘に浮かぶ藍島《あいのしま》（北九州市）に渡った。JR小倉駅から歩いて十分ほどで渡船場に着く。市営渡船に乗り、三十五分で到着した。島の人口は約三四〇名。唯一の小学校の生徒数は十九名という。食堂などはなく、漁業が中心であり、取れたての新鮮な魚を即小倉の市場へ持って行くそうだ。

藍島は『日本書紀』の「仲哀天皇八年の条」に「阿閉嶋」として、また、「神功皇后紀秋九月の条」に「吾瓮海人烏摩呂」として吾瓮島に拠点を置く海人「烏摩呂」の意味で「吾瓮《あへ》（藍島）の海人」として登場する。島にはその海人族の古墳があるという。今回の旅はその探索が目的であった。ところが……。

島に着いて浜辺で貝殻を探していると、誰かが声を上げた。

「ちょっとちょっと大変なモノがあるよ！」

見ると、マネキンのようなものが打ち上げられている。が、一部は白骨化してハエがたかり、髪の毛も生々しい。なんと人間ではないか。私はすぐに携帯で警察に連絡した。

藍島にて

そんなわけで、私が警察の方が来るのを待つことになった。グループの他の方には計画を続行してもらう。現場検証や調書の作成で、半日がつぶれた。私としては警察の方に任せておいてよかったのだが、そうもいかないらしい。

とんだ旅の始まりだが、考えてみれば水死者は〝恵比寿さま〟であって、神様である。漁師の方なら、見つけて上げると大漁まちがいなしという。

恵比寿様とは、海の幸をもたらす神として漁師の信仰を集め、釣竿と鯛を抱えて座す姿で表されている。もともとは『古事記』における伊邪那岐命《いざなぎのみこと》と伊邪那美命《いざなみのみこと》の間にできた最初の子どもで、水蛭子《ひるこ》である。蛭のように体が萎《な》えており、三歳まで立てなかったので、葦の舟に乗せて流し捨てられたという。しかし漂着した所で祀られ神様になった。日本人は捨てた者も捨てられた者も、ともに神様にしている。ここが日本人のおもしろいところであり、私は誇りに思っている。

平安時代に「空也」という僧がいた。醍醐《だいご》天皇の第二皇子として生まれた。『空也誄《くうやるい》』という空也の伝記によると、彼は若いとき、死体捨て場で野ざらしにされている遺体を集めて火葬してまわったという。

さて、私は警察官と調書のやりとりなどを終えた後、少し島を歩いた。直径が二メートルほどの水車が放置してある。私は持ち主の方と話をつけて、いただいて帰ることにした。旅先から物を持ち帰るのは私の癖である。どうやって持ち帰ったかは明かさないが、今では我が家の入口でクルクルと廻っている。

下甑島の「トシドン」とかくれ念仏

二〇〇三年十二月三十日、鹿児島県の下甑島《しもこしきじま》に渡った。薩摩半島の西側五〇キロに浮かぶ島である。ここで大晦日の夜に行われる「トシドン」という伝統行事を見るためである。この祭りは一九七七（昭和五十二）年に国の重要無形文化財に指定されている。

甑島には古代、「甑隼人《こしきはやと》」と呼ばれる人々がいたとされる。『続日本紀』によると、七六九年に甑島に麻比古という隼人がいたという。絹ではなく麻であることもおもしろい。中国の『史書』にも甑島の隼王として記録があるという。島の人々は今もってそのころの伝統行事を守っているのではないか。私は好奇心をかきたてられた。

ところがトシドンは観光の見せ物ではなく、原則として一般者は見学できない。私は役場の方に関係者のSさんを紹介してもらい、見学できるようお願いした。Sさんは快く受けてくださり、今回の旅となったわけである。

三十日未明に出発し、昼過ぎに串木野に着く。港でフェリーを待っていると、海にダイビングする大きな海鳥がいる。私は少し興奮した。カツオドリではないか？　港の方に尋ねるとやはりそうだという。南方的で異国情緒がある海島である。出始めから縁起がいい。

下甑村は人口三千人ほど。南国であり、対馬暖流の影響もあって暖かい。

甑島の手打《てうち》港に到着した後、私はバスで山の上にある「椋鳩十《むくはとじゅう》の記念碑」近くで降りる。椋氏の小説『孤島の野犬』は感動的な作品であるが、これは甑島での出来事が題材となっている。椋氏は何度もこの島に来て、この小説を作られたそうだ。

私は重いリュックを担いで下山する。立派な県道だが車は少ない。大きなトンネル工事の現場にさしかかる。やはりこの村の基幹産業は公共工事を担う建設業のようだ。

丘陵地帯をしばらく歩くと、おばあさんが畑仕事をされていた。しばらく話し込む。息子さんが役場の社会教育係の主幹をされていると聞き、〝渡りに舟〟とばかりに会わせていただいた。

その方の話によると、トシドンは江戸時代の記録にはなく、それほど古いものではないらしい。甑隼人との関連はなさそうである。明日向かう長浜の「かくれ念仏」に関する情報をいただいて宿に入る。

翌朝はあいにくの雨の中、村営バスで長浜へ行き、かくれ念仏遺跡へ向かう。二十分ほど歩いて登山口に着き、さらに山道を二十分ほどで洞窟に着いた。奥行き九メートルという堂内の入口には、今も祭壇が設置されている。私は奥には入らなかった。一向宗の信者ではないのだから失礼だと思ったからである。

一八三五（天保六）年、薩摩藩の一向宗弾圧は甑島にも及び、各地で信者に対する拷問や放火がなされた。この「天保の法難」で、長浜地区は一村を焼き払われている。一八三九年の「法難崩れ」では入牢者は数百人に及び、殺された村人たちは俵に入れられて外に出され、野犬のえさになったという（『下甑村郷土誌』下甑村役場）。ここはそのような迫害に耐えて、極秘の念仏の拠点として法縁を保ち続けた由緒ある遺跡である。

「天保の法難」の後に改宗させられたという記録があるが、長浜地区はどうだろうか。私は下山しながら、通りがかりの方に尋ねた。いわく「長浜地区は全員が一向宗、浄土真宗だよ」。なんとなくうれしくなった。

下町に入ると、赤ん坊を背中におぶって買い物する若いお母さんの姿がある。福岡では見られなくなった懐かしい光景だ。Nさんという方の家に上げてもらい、昔の長浜の写真などを見せてもらう。別れるときに「いい旅をしていってください」と言われ、うれしかった。

つぎに手打字赤根迫にある「岩穴《いわな》」と呼ばれる、「隠れ念仏洞」の史跡に向かう。バスで途中下車させてもらう。登山口には着いたが、あいにく雨足が強くなった。しかもこの史跡へ向かう山道はなく、五〇センチほどの草が茂っている。春から秋だとマムシがいるから到底入山できない。土地があちこちで陥没しているので、足で道を探りながら進むが、ほんとうにこの先にあるのか不安になる。なぜ山道さえ整備されていないのだろう。

遺跡入口を示す看板は確かにあった。大ヘゴという巨大な熱帯性の植物が私の行く手を塞ぐ。

大ヘゴは北限の自生地として国の天然記念物に指定されている。

まるで熱帯のジャングルに迷い込んだような気になりながらも、どうにかたどり着く。なんと入口は半分塞いであり、近づいてようやく確認できるという有り様だった。これなら入口に看板なんかつけなければいい。奥行きは一二メートルあるという。入口では鬼の面をした自然岩がにらみつけていた。そのときは何も思わなかったが、写真を後で現像したら、その迫力に身震いした。口が大きく裂けた、まさに「面」、顔である。人間が彫ったものではないから余計に恐ろしい。

私はバスで手打の町に戻り、薩摩藩のりっぱな武家屋敷や番所跡などを見学した。独特の玄関の造りである。正月のしめ飾りも独特で、庭石の好みも全く異なっていた。マキの木とモチの木が多かった。


さて一旦、宿に戻り、祭りの見学を許してくれたSさんに連絡をとる。本町の公民館を六時半に出発し、小さな子どもがいる家を六軒廻るらしい。

お面はやはり鬼である。意外と簡素な作りで、ダンボールの下地にシュロの繊維やソテツの葉を貼り付けている。鼻が高く、三角鼻であるのが特徴的であった。子どもたちが高い鼻を触ると健康になるらしい。着物はクロマント、または麻の布である。

この祭りは見せ物ではない。地域による地域のための行事であって、ささやかなものだ。村

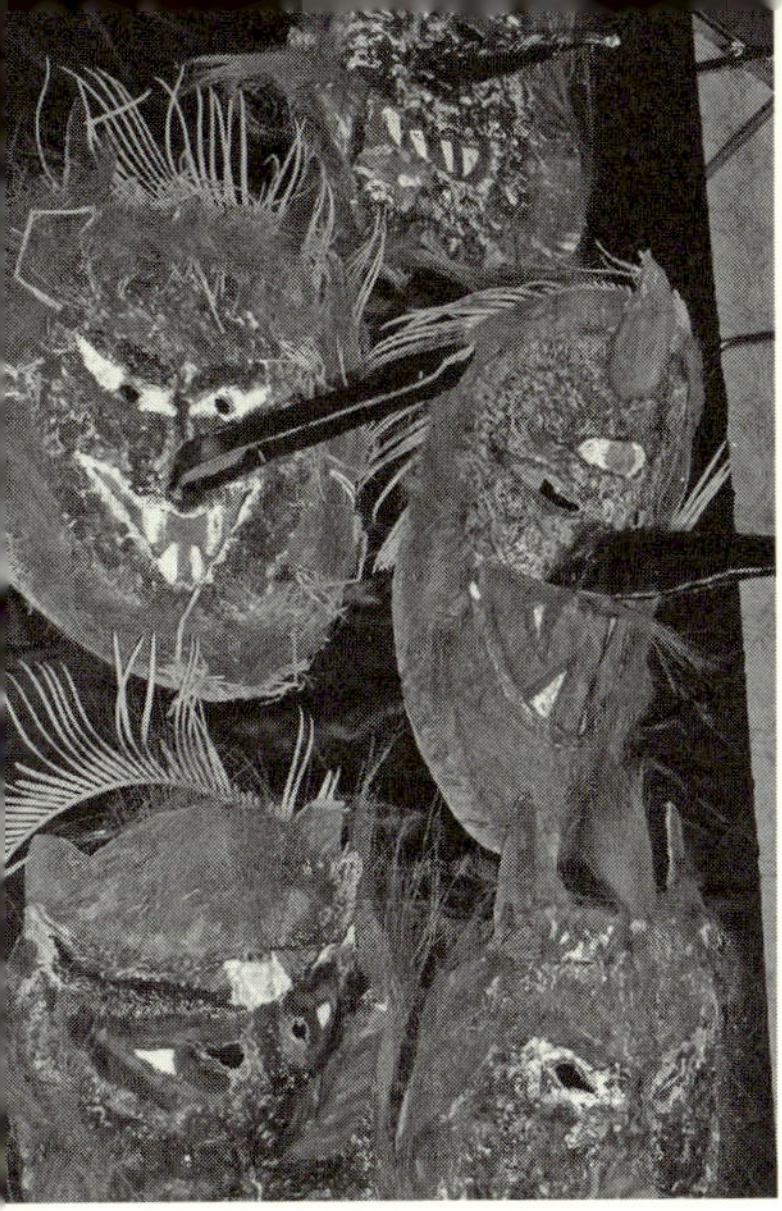

甑島のトシドンのお面

の方いわく、「子どもの思い出づくりですよ。過疎化が進み、いつまで子どもがいるのか」。本音であるかもしれない。

さて出発である。軽トラックに若者たちが乗り込み、民家に着く。鳴物《なりもの》は〝カネ〟という名のドラのようなもので、これを叩きながら近づくと、みんな騒ぐ。「モチをもってキョーランドー（来よるぞ）……モチをもってキョーランドー」

神様の名前はここでは「としとし（としどん）様」である。子どもたちのよいことは誉めて、悪いことは叱る。「いつも妹をいじめてないか、道路に飛び出して遊んではないか、寝しょんべんはしてないか」。子どもたちはなぜ神様がそんなことを知っているのか不思議がる。実はあらかじめ家の方から伝わっているのだ。

最後に、子どもを四つん這いにさせて、背中にモチを乗せて運ばせる。〝年モチ〟という神様からのごほうびである。思うに、本来「お年玉」は子どもに丸いモチを与えたのではないだろうか。昔はモチは貴重品であり、神聖なものだったのだろう。〝モチ踏み〟の儀式と比較するとおもしろい。

夜十時過ぎに宿に戻る。翌朝、海岸で初日の出を拝み、島を後にした。

壱岐へ行きました

二〇〇四年六月、壱岐を訪ねた。

壱岐のガイドさんに聞いた話がある。壱岐空港に着いたお客さんが、タクシーの運転手さんに「対馬へ行ってください」と言ったそうだ。壱岐と対馬は別ですよ。

長崎県内にある古墳のうち、壱岐はその六割以上をしめているので、古代史研究マニアとしてはぜひ渡っておきたかった。ちなみに「古墳」という名は松尾芭蕉が初めて用いたのだと、町の説明板に書いてあった。このあたりでは「鬼の岩屋」と呼ばれていたという。この名のほうが親しみを感じる。

壱岐は意外に大きな島だった。人口は三万三千人ほど。古代においては一支《いき》国として『魏志』「倭人伝」に出てくるそうで、由緒ある島である。

私は半日を観光バスで、そして半日はレンタバイクを利用して島を回った。観光バスだと主だった観光地を無駄なく案内していただけるのでありがたい。

原の辻遺跡という、弥生時代の大規模環濠集落跡に長居した。一支国の王都として国の特別史跡に指定されていて、中国前漢時代の貨幣など多くの出土品がある。国内最古といわれる石積み護岸では船着場なども確認されており、かつて壱岐が大陸との交流の要《かなめ》であったことを充分に推測させる。

「人面石」と呼ばれる石も出土している。縄文時代のもののように感じられるが、三世紀後半の弥生時代の環濠から出てきたものだ。ムンクの「叫び」という絵画に似ている。子どものいたずらにも感じられるが、石に穴を開けるという根気のいる作業でもあり、大人による祭祀道具であろう。

北端の勝本町では朝市があっていて、なごやかだった。このあたりの海はさすがにきれいで、一帯に潮の香りがすがすがしい。

男岳神社にはとてもユーモラスな猿の石像群がある。二百三十余体の石猿が奉納されている。この山は信仰の山として参拝者が絶えなかったという。祭神は猿田彦（猿田毘古）である。福岡市早良区藤崎のバスセンター前に、猿田彦神社がある。毎年最初の庚申の日に「初庚申祭」がある。小さな神社というか。祠のような所だが、災難よけの猿のお面を買い求めるために、多くの方が行列をなしている。

島には小さな堤が多い。昔、ご先祖様が造ったものだろう。今日も水田に利用されている。日本人にとって稲に対する思いは特別であったのだろう。私はモチキビやモチアワをダンゴにして食べたが、やはりモチゴメの方がおいしい。

壱岐には「鬼凧」というおもしろい郷土玩具がある。由来はつぎの通りだ。

昔、壱岐は〝鬼が島〟と呼ばれ、鬼が人々を苦しめていたという。そこで百合若《ゆりわか》大臣が鬼退治に来て、鬼の首をはねた。そのとき首が宙高く飛んで、百合若大臣の頭にかみついたという。

その様子を絵にした凧である。四天王の鬼退治の物語と似ている。私としては、百合若よりも、上にいる鬼の方が主役のように感じてならない。平戸の〝鬼洋蝶〟や五島の〝バラモン凧〟と比較されるだろう。

　名残を惜しみながら、夕方のフェリーで福岡への帰路につく。フェリーからの景色も情緒がある。ウミスズメの群れ、漁船に集まる海鳥たち。海ではトビウオが盛んに跳ねていた。

かくれキリシタンの里を訪ねる

五島列島福江島へ

二〇〇一年一月十六日から二泊でTさんと福江島（長崎県）へ旅をした。島に残る「かくれキリシタン」の歴史を調べるためであり、また、下崎山地区に伝わる「ヘトマト」という国の重要無形文化財の祭りを見学するためである。「ヘトマト」の由来は、「ヘトヘトになるまで……」という意味らしい。

ヘトマトは白浜神社での奉納相撲で始まる。漁師町であって、若い青年がエネルギッシュである。この日はみんなかなりアルコールも入っていて喧嘩相撲になっていた。日ごろの鬱憤《うっぷん》を相撲で晴らす。いいじゃないか、どんどんやれという感じだ。

しばらくして地元の新婚の女性が、酒樽の上で羽根突きをしていた。奇妙な風景である。つぎに、体に墨をつけた青年たちが浜に出て、藁《わら》で作った直系四〇センチほどの玉を勇壮に奪い合う玉蹴り、そして大綱引き。

クライマックスは、長さ三メートルの大草履に娘さんを乗せて町を練り歩くのである。この大草履は見ごたえがあった。独特な雰囲気で、ここに娘さんたちはすごく楽しそうだった。

さて、私はかくれキリシタンについて知るため、福江島富江町に住んでいるある郷土史研究家を訪ね、いろいろと資料を見せていただいた。

明治維新に廃仏毀釈で仏教が排斥されたのと同様に、かくれキリシタンも迫害を受けている。秀吉によるキリスト教禁制によって苛烈を極めたキリシタン迫害は、明治になってもまだ禁制は続いていて、外国人の来訪と司祭の来日などによってキリスト教徒と名乗りでた人たちも弾圧されたという。

『福江市史』（福江市編集委員会、福江市）によると、明治初年の迫害に耐えながらも宗門を明らかにし、また明治六年にキリスト教が解禁されてから信徒であることを表明した人もあって、一八七三（明治六）年までに明らかにされた信徒数は本村で九七戸、五二〇名。五島ではもっと多く、島民の二割に及んだという。

五島での迫害は維新の直後に始まり、捕えられた信徒たちは厳寒の中を着物一枚になって青竹や生木で打たれ、水責めやサンギに乗せられるなどの拷問を受けた。傷つき、動けなくなった信者は舟に乗せられ、浦頭の牢獄に入れられたという。

最初に信者五十九名が捕えられ、その後、遅れて二百名が信者であることを申し出た。今まで信仰を隠してきたのは迫害を恐れてのことではなく、一度に名乗り出たのでは田畑や子どもが守れないので、申し合わせて交代で牢獄に入ろうという知恵であったという。

しかし、私は、隠れる者はどんなことがあっても隠れ続けなければならないと思う。

現在、富江町には四名の信徒がおられるという。信者たちは「古帳」ならびに俗に〝かくれ〟と呼ばれていたそうだ。

我々はレンタカーで島を巡る。三井楽の集落から海岸沿いを走ると草原の小道に入った。草原の中にぽつりぽつりと十字架の墓がある。倒されて朽ち果てんとしている十字架もあった。風にそよぐ草原は風道に沿って流れるようにないでいる。夕日は陰りを見せ、静まり返った東シナ海のはるか向こうに沈もうとしている。夕映えの十字架は赤みをおびていた。西方浄土のあかしと似ていて、別世界の様相を呈していた。

供えられた花が北西の季節風の前に散乱している。私はそれらを拾って供えなおし、無言の供養をして三井楽を後にした。日没前に民宿に入る。

翌朝は未明に、漁船の出港のエンジン音で目覚めた。旅情である。

我々は宿を出て、西の果て、長崎鼻へ向かう。海岸には、はるか東シナ海より流れ着いた二〇メートルはあるラワン材や、南方樹木特有の〝板状根〟をした巨木があった。フィリピンあたりからたどり着いたのであろうか。私はどうにかして持って帰りたかったが、あきらめた。

岩の表面にコールタールのようなものがこびり付いた一帯がある。漁師の方に尋ねると「荒波で岩場に泡が溜まって盛り上がる。それが後で解けてこびり付いたものだ」そうだ。

さらに我々は貝津の高浜に着いた。日本一美しいと言われる砂浜だが、ほんとうに美しかった。夏は海水浴客でにぎやかだろうが、冬場とあって人気はなかった。ハマグリが採れる名所でもある。

そしてつぎに島の東側にそびえる鬼岳《おにだけ》に登る。山頂まで二十分程。福江市などが一望できてる。火山による溶岩の山であって、はるかに草原が続き、噴火口がある。私は外輪山を快い風を受けて歩いた。上空をハイタカというタカが旋回していた。地面には〝ペレーの涙〟と呼ばれる、噴火した溶岩のガラス質の粒が散乱していた。

帰路、飛行機からの夜景も美しかった。オパールの輝きである。七色の光の粒が乱反射しているようであった。航空会社の粋な計らいなのか、糸島あたりの海岸線を通って福岡市内を二、三度旋回し、空港に無事に降り立った。

平戸島のかくれキリシタン

二〇〇二年のウグイスの初鳴きは二月一日であった。ホーホケ、ホーホケ……と少し遠慮がちである。早春の香りはまだだが、気配はしていた。私も旅心が目覚めてしまった。夕方三時ごろ、畑の仕事をやめてスコップなどほったらかしで、平戸の民宿に電話した。

古賀から高速道路に乗って武雄ICで降りる。伊万里、松浦を通って平戸に向かった。夜、八時に民宿に着く。風呂をいただいてすぐ寝た。

カァーン、カァーン。翌早朝六時ごろ、紐差《ひもさし》カトリック教会の鐘の音で目覚める。さすがに平戸はキリシタンの島である。

朝食をいただいてすぐに宿を出て、根獅子《ねしこ》にある「平戸切支丹資料館」に向かった。このあたりもかくれキリシタンの里であるが、以前に旅した五島列島の福江島とは雰囲気が異なっている。

資料館のMさんに長々と話を聞かせていただいた。訪問者は私一人である。恐縮すると、彼女いわく「いいんですよ。前のお客さんなんか二時間も話していかれましたよ」と言われ、「実は私もかくれキリシタンでねえ」と話される。

平戸の名物、鬼洋蝶

「おかあさん、自分でかくれキリシタンだと言われても、それじゃ〝隠れ〟にならないですよ。ハハハ」

と、笑って私がそう言うと、彼女は「別に自分たちは隠れているわけではない」と言われる。

二百数十年の厳しい弾圧に耐えて守り続けた信仰は、海外からも注目されているという。かくれキリシタンの信仰は、いわゆるクリスチャンのものとは異なり、キリスト教が日本の伝統的な宗教風土の中で土着の信仰と合体し、ある種独特なものとなったようだ。彼らは一五四九（天文十八）年にザビエルが鹿児島に持ち込んだキリスト教を受け入れ、利用し吸収しようとしたにすぎないと私は思う。

宮崎賢太郎氏は著書『カクレキリシタン』（長崎新新書）の中で、これを「しなやかな信仰」と表現している。実に日本的で、的《まと》を射た表現だと思う。

Mさんはさらに続ける。

「昔ねえ、この根獅子浜で多くのかくれキリシタンが殺されてねえ……」

これは「オロクニンサマ伝説」と呼ばれ、この浜の昇天石でかくれキリシタンが六名、密告によって殺されたのだという。Mさんたちは決してその岩場には上がらないそうだ。六名は殉教者として信仰の対象となり、信者の結束は強くなっていった。

そんな悲劇の話を聞かされても、私は暗さを感じなかった。殉教者の碑も観光名所のように感じられる。これはMさんの明るい語り口のせいでもあろう。彼女は畑で有機栽培をされておられるそうで、私とは何かと話が合った。昔のことにはこだわらず、今を生きておられるという印象を受けた。

そもそもキリスト教や仏教とは、いったい何なのだろう。

仏教といっても時代によって異なる。聖徳太子の時代、空也の時代、空海の時代、戦国時代の一向一揆の時代、江戸時代の寺請制度（檀家制度）の時代など、時代が変われば仏教の本質すら変わっていくだろう。キリスト教にしても同様である。

仏教にとってもキリスト教にしても、原点において偶像崇拝は好まない思想だと思う。お釈迦にしろイエス・キリストにしろ、彼らが偉いのではなく、彼らが言ったことや行動が尊いのである。彼らの言動を理解せずに偶像を拝んでも何にもならない。

彼らの言動の解釈は複雑多岐であって、それによって仏教、キリスト教の本質すら変わっていく。まずは、過度の偶像崇拝の愚かさに気づくことが出発点であると私は思う。

生月島は神様が大集合

さて、私は平戸島からさらに離島の生月島《いきつきしま》へと渡った。生月島はとても元気な島という感想を持った。

生月島の自然や歴史の博物館である「島の館」の説明によると、中世における生月島の海人《かいじん》たちは、宗像族と同様に〝倭寇《わこう》〟として海外で略奪行為をしていたようだ。一五九九（慶長四）年にはキリシタン弾圧に対して八百名もの信者が集団脱走するなど、大胆不敵な行動で権力者を翻弄《ほんろう》させている。ときの権力者・松浦鎮信《しげのぶ》も、さすがに信徒に対して寛大にならざるを得なかった。

十八世紀になると、捕鯨などで大規模漁業が盛んになる。一八一八（文政元）年ごろには日本一の鯨組となり、捕獲した鯨は二万一七九〇頭にもなったという。

「島の館」では鯨の巨大な骨などが展示され、捕鯨の様子も再現されている。「シー・ファンタジック・アリーナ」というスペースでは、剥製の魚が空中を舞うという空間が作られ、新しい発想でおもしろかった。

また、館ではかくれキリシタンの昔の家が再築され、中ではオラショのCDが流れていた。生月島の民家の特徴は祭壇の多さらしい。座敷に神棚、居間に仏壇、台所か玄関には荒神様が祀られている。その他、お大師様やお不動様、お稲荷様、水神様、死霊様（無縁仏を祀るもの）、さらに先祖伝来の〝かくれ〟の祭壇がある。先の宮崎氏は「神様のオンパレード」と表現されているが、まさに神様の大集合である。

日本では神も鬼も信仰の対象になる。これは日本の特徴であって西洋人には理解できないらしい。仏教や神道はキリシタン信仰の隠れ蓑にされていたわけではないようだ。

オラショはかくれキリシタンの祈りの言葉であるが、私には念仏のように聞こえた。そして実際的な信仰の対象は御前様（納戸神《なんどかみ》）という掛軸であったり、聖水であったり、地元殉教者であったり、紙の十字架であるオマブリであったりと色々である。

オマブリとは、半紙を切って作った三センチほどの十字架である。魔除けであって、呪力を持つ「護符」のようなものらしい。これに聖水をかけたものが神様となるのである。岩の裂目に押し込んで悪霊封じをしたり、葬式のときには死者の耳に入れたり、財布のお守りにしたり、病気のときには飲むこともあるそうだ。本来は単なる道具が、魂を入れ込むと神に変身するのである。日本は八百万《やおよろず》の神というが、道具である針や鍋やノコギリが神となるのと似ている。

私は博物館の学芸員のNさんを訪ね、多くの資料をいただいた。そのなかに「生月島のかくれキリシタン」という、この博物館の資料があった。

明治になってカトリックの宣教師が生月島にやってきた。宣教師はかくれキリシタンたちに神棚を下ろせという。それはできなかった。その後、彼らとカトリックに改宗した者との間に葛藤《かっとう》が生じる。ここではかくれキリシタンの方が強いのである。彼らはカトリックに改宗した信者に対して断絶を言い渡す。一、飲料水を汲むことならず。二、婚姻、縁組いっさいならず。三、船、相乗りならず。四、池水はやらぬ。五、（肥溜の）肥料を汲ませてはならない。六、屋根の葺き替え、共働き、あいならぬ……などである。

カトリックに改宗した人たちは平戸の警察に調停を嘆願している。警察当局は、改宗したからといって差別してはならないと、このような箇条を撤廃するように申し渡した。彼らもそれには逆らえず、しぶしぶ引き下がった。それ以降、改宗した者を表立って差別することはなかったが、昭和五十年ごろまでは確執があったそうだ。


私は愛車の軽トラックで島をドライブした。「塩俵の断崖」はみごとであった。六角形の亀甲模様の柱状節理であり、古代遺跡のようでもある。北の端、大バエ灯台からは雄大な景色が見られ、壱岐、対馬も確認できるらしい。

平戸の町に戻って平戸城や観光資料館、オランダ塀などを見る。高台からの平戸湾の景色は最高だ。夕日が湾に沈む。私は平戸の民芸品「鬼洋蝶《おにようちょう》」を土産に、家路についた。

南の島へ

流謫の地・南大東島

二〇〇一年四月二十日から二十四日まで、南大東島（沖縄県）へ旅した。福岡から那覇まで飛行機で飛び、それからまた六十分ほどかかる。沖縄本島からはるか東に三九二キロ離れた孤島である。周囲は二〇キロ程で、水深四〇〇〇メートルの深海に囲まれているそうだ。環礁（輪形のさんご礁）が隆起した〝隆起環礁〟という。隆起といっても、海水面の上下によるものである。

この島への旅を思いついたのは、ラジオがきっかけだった。透き通るような海と空、そして夜には人工衛星が肉眼で見えると紹介していた。ちょうど冬野菜の出荷を終えて、春の植え付けが一段落したことだし、ぜひ人工衛星を見てみたいと思ったのだ。他にも野鳥の生態や漂着物など、興味は尽きない。

さて、島に着き、予約していた民宿に向かう。一泊四千円で三食付きである。

民宿のご主人は島で永らく小学校の先生をされ、退職後に奥さんと民宿や食堂などをやっておられる。ご先祖は熊本の菊池の武家であったそうだ。幕末の動乱に巻き込まれて、南の果ての八丈島に流刑された。政治犯として島流し、つまり「流謫《るたく》」にあったということだ。さらに八丈島からこの南大東島に開拓に入られたそうである。

この島は百年前まで無人島であったという。一八九九（明治三十二）年、八丈島から玉屋半右衛門らが入ってきて開拓に成功したそうだ。民宿のご主人の両親は、第三次の移住者としてやって来られた八名のうちの二人である。

一方、奥さんは父親が一九二七（昭和二）年に出稼ぎで島にやって来られたそうだ。いわゆる金融恐慌というやつで銀行などが倒産していった時代である。奥さんはその二年後に生まれて以来、島を出られたことがないという。

南大東島が開拓の島、流謫の島と呼ばれるゆえんはここにある。

夜、宿でくつろいでいると、どこからともなく三線《さんしん》の音色が聞こえてきた。それを伴奏に沖縄の歌が響くが、しかし南大東島の文化は沖縄というよりも八丈島に近い。歴史的に見ても当然であろう。家の造りも東京的である。

翌朝、私はレンタバイクで島を駆け巡った。島の基幹産業はサトウキビであるが、価格は安価でやっていけない。役場の資料によると、サトウキビなどの自主財源は一〇パーセントほどで、あとは地方交付金や県支出金、国庫支出金、村債などである。島を走ってみると土木・建設の仕事がやたらと目につく。道路はやたらと広く、一〇トンダンプがひっきりなしに走っていた。大きな港も造っている。

「ふるさと文化センター」や日の丸展望台、大池のオヒルギの群落などを見学し、つぎに星野洞窟に入る。みごとな鍾乳洞であり、自然の芸術に圧倒される。九州などにあったら一大観光地になるだろう。大東神社では天照大神が祀られている。りっぱな相撲土俵があり、国体もここであったそうだ。

大東島は日本のガラパゴスとも言われるそうだ。島の犬は大東犬といって、足が短く、愛嬌があってかわいい。

夜、やはり島独自で進化したというダイトウオオコオモリを見に行く。二〇メートルにもなるダイトウビロウの木にぶらさがっている。確かに大きく、翼を広げると八〇センチにもなるそうだ。首回りの体毛が白色と金色であることが特徴である。

翌日は朝一番に「造林記念碑」を見に行く。一九二〇（大正九）年に製糖所の所長として赴任してきた江崎龍雄氏は、島の樹木が伐採しつくされ、赤土が露呈する荒涼とした様を嘆き、大植林をなした。森は防風林としての役割をもつだけでなく、島民の心の安らぎとして、絶対に必要だとした。今日に残されている森は、彼の功績によるところが大きい。

午後、私はレインボーストーンという美しいしま模様の石を探しに行く。石灰岩の隙間にテラロッサという赤土や貝の化石、ウニの破片などが入り込んで、赤、青、黄などの美しい模様をなしている。珊瑚礁や貝の化石なども採取した。漂着物はまったくと言っていいほどなかった。

野鳥に関しては商工会のNさんを紹介してもらい、いろいろと教えていただいた。珍しい海鳥が来ないのは残念だったが、タゲリ、サカツラガン、チョウゲンボウ、クロツラヘラサギなどが渡来しているのには驚いた。彼らははるばるシベリアあたりから来るのである。そしてスズメがやたらと人なつっこい。島では米を作ってないので害鳥ではないからであろう。ヒヨドリのぐぜり鳴きが本土と異なる。Nさんに尋ねるとやっぱり亜種になるそうだ。島は池が多いのでシギやサギは多い。

私は夜中に一人で塩屋にある森に入った。ダイトウコノハズクというフクロウの声を聞きたかったからである。しばらく待ったが、残念ながら鳴き声は聞こえなかった。

真っ暗な森の中でじっとしていると、ミヤコヒキガエルが寄って来る。島の人の話によると、この島にはもともとカエルはいなかったそうなのである。サトウキビの害虫駆除のために人間が宮古島から持ち込んだそうだ。

星空はさすがに美しかったが、人工衛星は見ることができなかった。残念である。

翌日、私は島を離れ、那覇へ向かった。飛行機から見渡す景色もすばらしかった。海と空の境界線が見えない。もともとそんなものは存在しないのだろうか。

サンゴ礁で囲まれた島々は、宝石のようだった。

沖縄本島ヤンバルの森へ

二〇〇二年四月二十三日から三日間、沖縄本島の北部地域にあるヤンバルの森を旅した。この森へは昨年も、大東島の帰りに訪れている。みごとな森であって、三六〇度見渡す限り原生林である。またぜひ来たいと思っていたのだ。

私は昼間に野菜の配達を済ませ、午後六時四十分に福岡空港を出発した。機内の小さな窓からは、少しずつ水平線に傾く夕日が見える。飛行機は高速で西に向かっているので、夕日はなかなか沈まない。虹が出たときに車で追いかけて行くことはあるが、地平線に沈む夕日を飛行機で追いかけるのもオツなものである。

午後八時十分に那覇空港に到着。ここからレンタカーですぐに、ヤンバルの森へ向かった。国道五八号を一路北へ。昼間の那覇市内は混むが、夜の九時を過ぎるとスムーズである。途中で食事をして、午後十一時三十分には目的地の森に着いた。そして「やんばる野生生物保護センター」から山奥に入った所で車中キャンプする。

実は昨年来たときもこうして車中で夜を明かし、野鳥のコーラスを堪能したのだ。それがあまりにみごとであったので、今回はぜひ録音しようと準備してきていた。野鳥たちは夜明けから一時間ほどひとしきり鳴くと、その後はおとなしくなる。だから私は宿をとらずにここで過ごすのである。

リュウキュウコノハズクの声を聞きながら一休みする。本土のコノハズクは「ブッポッキョ」と鳴くが、リュウキュウコノハズクは「ホッホッ」と鳴いている。

キョロロロロン……。未明の六時三十分、アカショウビンのさえずりで目覚める。このあたりでは、アカショウビンの鳴き声が夜明けの合図なのである。九州では珍しい野鳥で、我が夢野農場には五月の渡りの季節に数日だけ立ち寄ってくれる。

早朝の空気は新鮮で、力強く秘められた活力を感じる。昨夜は、鳥の鳴き声に耳を傾けるのに夢中で、録音することをすっかり忘れていた。私は起きるとすぐに野鳥の声の録音を始めた。ところが今回は、雨と風の雑音でうまく録れない。それにヒヨドリやウグイスが目立ちすぎる。遠くでアカヒゲのさえずりも聞こえるが、これも録音にはならない。まあこんなものであろう。仕方ない。

アカヒゲは本土にいるコマドリの仲間である。姿は異なるが、鳴き声は瓜二つである。

私は山を降りて喜如嘉《きじょか》という里に向かった。ここは「芭蕉布の里」とも言われている。芭蕉とはバナナによく似た植物で、芭蕉のうち糸芭蕉の繊維はこの土地で古くから織物に利用され、今も引き継がれている。

糸芭蕉の用途は芭蕉布だけにはとどまらない。表皮は芭蕉紙の原料になっているし、ブーケやしおり、ペーパークラフトの素材として利用されている。これらはわりに安価なので買いやすい。さらに外皮の繊維は〝シーサーウー〟と呼ばれ、沖縄各地の獅子舞の獅子の毛となっているそうだ。沖縄の長い歴史で権力は替わっても、土地の方たちは文化を守り続けておられる。

　昨年訪れた際、この里でこの時季にアイリス（ショウブの仲間）が満開になることを知り、今回もそれを楽しみにしていたが、残念ながらすでに花の盛りを過ぎていた。

　私はしばらく野鳥観察をする。前回はここでリュウキュウヨシゴイと出会ったのだ。ギャーという聞き慣れない鳴き声がして、見ると二メートルほど先の田んぼの中で、リュウキュウヨシゴイがじっと首を空に向けて立っていた。野鳥の本によると、これは警戒のポーズとなっているが、私が近づいても変な声で鳴いて突っ立って、逃げようともしなかった。なんとも愛嬌があり、田んぼの住人のようだった。幸い、この鳥には今回も会えた。他にシロハラクイナ、タマシギ、オオジュリン、シロガシラなども見ることができた。

　大宜味村《おおぎみそん》で、「こはるや」という喫茶店に立ち寄る。ここは愛鳥家がよく集まる店で、昨年もここでリュウキュウヨシゴイの探鳥スポットを教えていただいたのだ。

　この地方の顔立ちは、北海道のアイヌの方たちと似ているようにも思える。アイヌ系の縄文人が南下して日本列島に住み着いた後、大陸から弥生人がやってきて縄文人は北の端と南の端に追いやられたという説があるが、この地方に来てうなずけた。

　この店のお客で、無農薬のコーヒーを栽培されている二十歳ぐらいの沖縄美人のKさんと出会い、話しこむ。翌日、コーヒー園を見学させてもらうことになった。

　昼飯に琉球ソバを食べ、午後は野鳥観察し、夕食もやはり琉球ソバを食べた。沖縄に来たらこれを食べなければと思う。そしてまた今夜もヤンバルの森へ。

漆黒の闇の雨の中、リュウキュウコノハズクとリュウキュウガエルの声が響く。両者の息の合ったデュエットを聞きながら、しばし眠る。

夜明けとともに目覚めると、今朝は雨風が強く、アカショウビンも「一番鳥」をしない。代わって登場するのがホオジロである。今ぞとばかりに枯れ木のてっぺんで精一杯さえずっている。私は野鳥のなかでホオジロが一番好きだ。

私はコンビニのパンとコーヒーで朝食を済ませた後、安田《あだ》という地区に向かう。昨日、この海岸へ行けば珊瑚礁のかけらがあると聞いたからである。

そのとおり、海岸は珊瑚礁のかけらで埋め尽くされていた。すごい。ここまで来てよかった。私は拾えるだけ拾った。大きなシャコガイやタカラガイ、ワシノハガイもあった。成田為三氏の「浜辺の歌」を思い出す。

名残惜しかったけれど、安田を後にして、「宜野座村立博物館」に向かう。

館内には太平洋戦争の沖縄戦の遺品や民族衣装、古代家屋の再築されたものなどとともに、「風葬」が紹介されていた。当地には一九五五（昭和三十）年ごろまでこの習慣が残っていたようだ。死んだ人を洞窟に安置して自然白骨化させ、〝洗骨〟して瓶に収める。洗骨に用いた桶なども展示してあった。与那国島にもこの風葬が残っていたという。

与那国島を東へ西へ

二〇〇四年八月、私は与那国島へ渡った。日本最西端の孤島である。昼前に福岡空港を発って、石垣島経由で夕方には民宿に入った。

島に着いての第一印象は、空気が透き通っているということである。以前に旅した南大東島は開拓の島であった。南大東島も与那国島と同じく南の島であるが、山がなく、雰囲気は違う。島での移動はレンタバイクがいい。南国の日差しと受ける風が心地よいからだ。さすがに日差しは強いが、湿度が低いために気持ちがいい。

まずは日本最西端の碑がある西崎灯台へ向かった。はるか西、一一〇キロ先に台湾が見える。みごとな夕焼けであった。空気が澄んでいるからであろう。

民宿は昔ながらの沖縄の民家である。台風から守るために白い漆喰でしっかり固めた赤瓦の屋根が旅情をそそる。おばあさんと、東京から旅に来た今どきの女の子が切り盛りしていた。息子さんは那覇で仕事をされているそうだ。

泊まる部屋は空いているのに相部屋であって、クーラーやテレビなどない。暑くて寝られず、私は縁側に布団を敷いて寝た。ふすま一枚隔てて、一人の若い女性が眠っている。関西からダイビングに来たという。外は宴会で盛り上がっていて、三線《さんしん》の音色が響く。

早朝、私は東の端、東崎展望台へ向かう。見事な日の出である。大海原が一望できる。左手が東シナ海、右手が太平洋である。はるか一〇〇キロほど先に西表島が見える。虹がかかっていた。今朝も朝焼けがきれいだ。私は島に滞在中、こうして毎日、早朝は東崎へ、夕方は西崎へとバイクを飛ばした。

東崎展望台の周辺では、与那国馬という島固有の馬が悠然と草をはんでいる。たてがみが長く、小柄で性格もおとなしい。私が近づいてもたじろがない。放牧の牛も県道をこれまた悠然と歩いている。いわゆる「牛の歩み」というやつだ。

上空ではコグンカンドリの若鳥が大きく旋回していた。南国を象徴する野鳥である。

与那国島にて

草原には多くのユリが咲いている。ちなみに与那国町の花はユリである。また、町の木はクバである。ビロウ（ビロウジュ）のことだ。山手はクバの原生林が広がり、街路樹もクバである。葉で団扇《うちわ》や帽子が作られ、クバの葉で巻いたモチが島の名物である。

さて与那国島は面積二九平方キロ、人口は一七〇〇名ほどである。島出身の住民票を島に置かない都会からの若者がかなりいる一方で、太平洋の人は那覇、福岡、東京へとかなり移住されているようだ。戦争のすぐ後は台湾との密貿易が盛んで、人口も一万五千人ほどになっていたという。

与那国には、避けては通れない悲しい歴史がある。琉球王府が薩摩に降伏し、人頭税という過酷な税金に苦しめられてきた経緯である。十五歳以上五十歳以下の男性に対しては米六表が税金で、これは八〇％以上の税率になるという。そのほかにも多くの賦役が課せられたらしい。

江戸時代、島津藩は外様大名であったために幕府から圧迫されていたらしい。象徴的な事件は一七五三（宝暦三）年、幕府が島津藩に対して行った木曽川治水工事の強要である。当時のお金で三十万両、今日にして二五〇〇億円も出費させられたそうだ。それらの見返りとして、一六〇九（慶長十四）年に島津藩は琉球（沖縄）を征服した。サトウキビによる砂糖が商品として経済を潤すことや、中国との密貿易が目的であったらしい。

当時、琉球は非武装平和主義をとっており、それを見た島津藩は一気に攻めた。非武装平和主義だけでは国は維持するのは難しい。一六三六（寛永十三）年から悪名高い人頭税が施布され、離島である与那国などに対しては徹底的に徴収されたという。

人頭税は、「人の頭の数だけ」税金を納めなくてはならない。あまりの徴収の厳しさに、島の人々は人口淘汰に助けを求めた。〝人舛田〟とか〝久部良《くぶら》バリ〟といわれる方法が実践されていたという。人舛田とは、各集落の田んぼに囲いを作り突然に招集をかけ、遅れたものを殺害するという方法。久部良バリは、久部良地区にある断崖から断崖を妊娠した女性に跳び越させるというものだ。高さ一〇メートルはある断崖の間をジャンプさせ、失敗すれば母親とお腹の子どもの分、人口が減る。たとえ成功しても、母親はショックで流産し、人口が一人増えずに済むということだ。

今日だったらすぐにでも島を出ればいいのだが、当時はそうはいかなかったのだろう。島には四千以上の墓があるという。沖縄独特の亀甲墓である。亀甲墓は墓の屋根が亀の甲羅のように盛り上がっている。

島では火葬はせず、亡くなったらそのまま亀甲墓に安置する。そして七年ほどして遺骨をみんなで洗骨して、また丁寧に安置するのだ。かつての風葬から発展したのであろう。しかし近年では、多くの地域が火葬をしているとのこと。また、島には寺や教会はない。そのなかには豪邸のようなお墓もある。私は墓だと理解できずに、そのりっぱな建物のことを民宿の方に尋ねた。

「あれも墓だよ。電話以外の家具は全部そろっているんだって。八十歳になるおばあさんが一人で墓を守っているよ」

私は考え込んでしまった。現世と来世をあまり区別していないのかもしれない。

十六日祭（ドウノクニテマチリ）という祭がある。墓の前での宴会である。立松和平著『砂糖キビ畑のまれびと』（筑摩書房）によると、ご先祖様もいっしょに飲んで騒ごうということでもあるそうだ。死は決して終わりではなく、単なる通過点であるらしい。死んだら〝意識体〟として交流は続く……。私は本島でたまたま様子を拝見したことがある。

与那国に、もう一つの大きな史実がある。一四四七（文安四）年の朝鮮人の漂着である。伊《い》波《は》普《ふ》猷《ゆう》氏の著書『をなり神の島』（平凡社）にくわしく紹介されている。

『李朝実録』の第一〇五巻「成宗実録」によると、済州島出身の金非衣らが乗った船が与那国の沖で難破したそうだ。板切れにしがみついていた三名だけが島にたどり着いた。十四日間、何も食っていなかったが、島の人たちが粥を作ってくれて生き延びたという。

一週間ほどして、悪霊を祓うために清められ、そして人里に入った。与那国の人たちの助けを得て、彼らはしばらく島に住み着いた。そして、博多商人の舟で、那覇から直接博多にたどり着き、韓国に帰還したという。彼らは与那国の風俗などをくわしく紹介している。『をなり神の島』から、要約してみよう。

一、島には盗賊はいない。けんかはしない。子どもをかわいがる。いくら泣いても放っておく。酋長はいない。
二、室内は竹を束ねて明かりとしている。
三、人が死ぬと棺中に座置して崖の下に放置する。
四、鍛冶屋はいるが鋤《すき》などは作らない。
五、主食は米である。粟はあるがあまり食べない。
六、鶏肉や牛肉は食べない。
七、酒は米を水につけて、女に嚙ませて粥となし、飲んでいる。ちょっとしか酔えない。飲むときはひょうたんに入れてちびりちびりと飲む。

この酒は、口嚙酒《くちかみしゅ》で、古来の酒の作り方だ。「かもす」という言葉はここから来ているらしい。南米ではチーチャといい、やはり神聖なもので、神に捧げられたりしていたという。クスコ郊外では今でも売っているという。アマゾンの原住民も飲んでいるのを、映像で観たことがある。

さて、私がこの時期に島を訪れた期待の一つが、国の重要無形文化財である豊年祭を見たかったからである。この年は七月三十日の金曜日に行われた。最近の祭りの多くは観光客を意識してか日曜日に行われることが多いが、この祭りは違う。シャーマンのような力を持った司（ツカブ）と呼ばれる祭の主催者などにより、日程が決められる。元来、沖縄には「をなり神」というのがある。「をなり」とは古代琉球語で姉妹という意味で、女神信仰だそうだ。

祭りの趣旨は基本的に、その年の豊作を感謝して、来年の豊作を祈願するものである。「この時期に?」と思われるだろうが、南国の与那国では七月中旬には一期作の稲が収穫し終えているのだ。

豊年祭では「種子の受け渡しの儀式」があるが、これは稲モミなどを授ける儀式である。九州でも各地の神社で神官がモミを撒く儀式が残っているが、ここでは手渡しである。私はこの方が好きだ。

そして、弓矢を放つ。弓のことを「ドン」と呼ぶ。矢を放つことの意味は何だろうか。

さらに祭りの目玉である大綱引きがある。東西に分かれて三回勝負である。地元の方も旅行者も一緒になってがんばる。また別に、二本の綱に貫木を差込み、引っ張り合って締め上げる。これは人の生殖を象徴しているのだそうだ。私にはよく理解できない。

そして午後二時から〝十山お嶽〟（トゥヤマウガン）で舞踊が奉納される。ウガンは島に十三箇所ほど残っているそうだが、ここが本山である。山岳信仰や自然崇拝、アニミズムなどが混ざった信仰らしいが、私が実際に行ってみると、〝十山神社〟としてアマテラスを祀ってある。地元の方に尋ねると、戦前の公民教育によってそう変えられのだそうだ。だから年配の方は十山神社と呼んでいるが、若い青年団の方たちなどはトゥヤマウガンだと強調される。

子どもたちが演じる棒踊りは二六〇〇年前から伝わるという。護身術とも言われるが、私は〝鬼神棒〟のようにも思う。鬼神棒とは、鬼神信仰における舞いの際に持って踊るものだ。

そして祭の締めは夜八時から巻踊り（ドゥンダ）である。火を囲んで円陣となり踊る。

ところで与那国島には有名な海底遺跡がある。太古の昔に太平洋上にあって、一万数千年前に水没した「ムー大陸」の一部ではないかとも言われている。私は船をチャーターして潜ってみたが、確かに人工物としか見えない。いったい当時、どんな文明が栄えていたのだろう。島に残る古代文字「カイダー文字」との関わりも含めて、大いに興味をかきたてられる。

島の周囲には珊瑚礁の海が広がっている。みごとなコバルトブルーだ。カラフルな熱帯魚が悠然と泳いでいる。砂浜にはゴミなどなく、ヤシの実が一つ流れ着いていた。夢のような世界である。

野鳥もみごとであった。野鳥観察だけを目的に訪問しても充分に満足できる。なんといっても、南国の鳥の象徴のようなコグンカンドリや、サンニヌ台の軍艦岩で営巣していたエリグロアジサシなど、与那国まで来るとそんな姿がたやすく見られる。

日本最大のトカゲであるキシノウエトカゲも確認した。平べったいカタツムリもいたし、世界最大の蛾であるヨナグニサンもいた。

与那国島の豊年祭にて

たくさんの生命のエネルギーを感じる。

いつの日か、またここへ戻ってこようと思った。

与那国　東へ西へ

東へ行きたいときには東へ行く
西へ行きたいときには西へ行く
空に浮かぶ雲のように
水面に浮かぶ落ち葉が風に流されるように
東から風が吹けば西に流されるのを眺めて

豊年祭の棒踊り。少年の服には「カイダー文字」が印刷されている

西から風が吹けば東に流されるのを眺めて
旅に明け暮れて　地平のはてまで

神の島・久高島へ

沖縄本島東南端から東へ六キロの海上に浮かぶ小さな島、それが久高島である。二〇〇五年四月十九日から三日間の旅だった。那覇に到着して、まず「沖縄県立博物館」へ行く。沖縄古代文字が記された石版は興味深いものだった。

そして十六時発のフェリーで久高島《くだかじま》へ。

久高島はのどかな島だった。観光地化してないので柔らかい「気」が流れていた。久高島のイメージをひと言でいうなら「柔らかい気」である。天気もいい。天気がいいのは旅に出て宝物に出会ったようなものだ。島を南北に走る幹線は舗装されておらず、気持ちがやすらいだ。

東京から来たという二十歳すぎの女の子が、一眼レフのカメラで自然の風景を撮っている。とび職の男が着る、ダブダブの汚れたズボンをはいて草花にフォーカスしている。私はそんな姿の彼女を撮りたかった。しかし黙って撮ったら、今どきの女の子は何をしてくるか分からない。

させてまず『知念村史』（知念村役場）を調べる。久高島を知るにはまず村史から出発するのが原則だからだ。その中で興味深い点がふたつあった。

今もなお極めて古い土地制度が残っている事。耕地の九四パーセントが島民の共有地である。十組に分けられ、十五等分される。「じーわい（地割り制度）」とここでは言うらしい。

島の男は冬以外は那覇などに出て海運業などにたずさわる。旅妻との間にできた子どもを島につれて帰ることは少なくない。女は島に残り、農耕、祭祀に携わっていた。

もうひとつは、琉球の神話、アマミキヨとシネリキヨがこの島に天下りして、麦、粟、小豆などをもたらしたという伝説である。九州の高千穂にて天下りした天孫族が稲作などをもたらしたという伝説と同様である。私の想像であるが、先端技術をもってやってきた集団はいきなり本島に上陸すると先住民から問答無用で殺されるだろう。この離島に上陸して農耕技術を伝えた後に、本島へ渡ったのであろう。

それまでの島民は魚介類を主食として自然採取生活をしていたのであろう。渡来人に穀物などの革命的な食生活の変化をもたらしたが、貧富の差ができ、天候異変などの影響を受けやすく、祈り、信仰、祭祀が必要不可欠となった。よって久高島は祭祀の島となったのではないだろうか。

与那国島の夕日

サンガツウマティの様子

久高島といえば「イザイホー」という祭が有名である。十二年に一度行われる大きな祭祀であった。

しかし一九七八年を最後に、今日ではなされてない。過疎化、高度経済成長などが理由なのだろう。だから私としては祭祀の見学は無理だと思っていた。前もって電話で祭祀がないか尋ねたが答えはノーである。ところが偶然に島で出会った方が「明日あるよ」と教えてくれた。私は村に問い合わせるといわく「あるんですか……？」

私はおどろかない。こういうケースはよく経験してきたからだ。とにかくラッキーだ。

翌朝、波の音で目覚める。島内放送が流れる。「今日は給料日です。さわやかな一日をお過ごしください」

四月二十日は「サンガツウマティ」という祭祀だったのだ。「イザイホー」ではないが、それでも非常にうれしい。朝八時からである。

外間殿と久高殿の二カ所の聖域で行われる。写真撮影は距離をおいてのみ許された。穀物に対する感謝の祀りである。巫女（ノロ）は白装束でトウズルモドキの冠をつけ、オモロという祝詞をあげる。供えものはチャチィナーという膳で、ザルに米を入れ、上にユーナ（オオハマボウ）の葉っぱと、ダークと呼ばれる植物の茎をつきさしている。なんとも穏やかで、粛々とした気持ちにさせられる。しかしこの祭祀も、来年できるかどうか不安だと島の方は言われた。

翌朝、島をあとにし、首里城へ向かう。琉球王朝の城である。壮観なものだった。沖縄に旅するなら最初は首里城を訪れるべきだと思った。最初に館内にあるビデオを見られることをお勧めする。再建のための努力をされた方々に対しても感動した。

それから公設市場に向かい、絶品の豚肉食品などをまとめ買いしてモノレールで空港へ。十九時の便で福岡にもどる。よき旅に感謝。

高句麗古墳壁画に関して

鶏と鳳凰と極楽鳥

私は、対馬暖流に乗って北上し、日本列島の古代史をそれぞれの地で確認してきました。私自身のつぎの歴史探究のステップのためには、朝鮮半島を視野に入れて日本列島を見直さなければならないと感じた。新羅、百済などの半島全体の古代史と、日本の古代史を比較していかなくてはならないと思うのだ。

朝鮮半島北部にかつて高句麗という国家があった。紀元前一世紀後半ごろから六六八年ごろまでである。高句麗はすばらしい古墳壁画を残した。そして二〇〇四年七月に世界遺産に登録されている。平壌近郊と集安などに分布する一〇〇基ほどである。これらに残され、描かれた壁画は日本民族にとって見逃すわけにはいかないだろう。幸いにも共同通信社から『高句麗壁画古墳』（平山郁夫総監修）というすばらしい写真、解説の書物が出版されている。内容をちょっとだけ紹介したい。

徳興里古墳奥室の流鏑馬《やぶさめ》の図、角抵塚奥室の相撲の図、徳興里古墳前室の天の川、牽牛と織女の図など様々だが、これらは現在の日本文化そのものだ。

多くの壁画に円文とその中に三足カラスが描かれている。古代の中国などで円文の中に三足カラスを入れると太陽を表し、三足カラスは太陽の化身だと言われている。日本では三足カラスは八咫《やた》カラスであろう。『古事記』や『日本書紀』に登場する。神武天皇の一行を道案内したという伝承である。日本サッカー協会のマークも八咫カラスをデザインしている。

円文の中に描かれている蟾蜍《せんじょ》（ひきがえる）は月を表している。福岡の珍敷塚《めずらしづか》古墳にも同様に描かれていた。

徳興里古墳通路に描かれている女性の服は奈良の飛鳥古墳の女性の服とそっくりである。日本の飛鳥美術の特色である忍冬唐草文《にんどうからくさもん》も高句麗壁画に多く見られる。江西大墓の朱雀や唐草文は特に芸術的でみごとだと思う。

そして私は、徳興里《とくこうり》古墳前室に描かれている「火の鳥」に注目した。手塚治氏の漫画作品で有名である。

日本の古代において鶏は神聖なものだったようだ。岩手の早池峰神楽などで紹介させていただいたが、私にはこの火の鳥は鶏に羽をつけたように見える。壁画に描かれた四神の朱雀や、鳳凰も、火の鳥、鶏と同類に見えて仕方ない。飛天も火の鳥の化身に思える。

南洋のパプアニューギニアには鳳凰、火の鳥のような極楽鳥が生息していると聞いた。

さてこの小本の後半は私がその極楽鳥を探しに旅したパプアニューギニアでの珍道中である。

新発見の旅、パプアニューギニア

いざ、パプアニューギニアへ

極楽鳥に会いに

パプアニューギニアに旅をした。一九九五（平成七）年八月十日から二十一日までの十二日間である。

旅から戻って、友達から最初に聞かれるのは、「パプアニューギニアはいったいどこにあるの？」という質問だ。〝赤道近くのオーストラリアの北〟と説明している。パプアとはマレー語で〝縮れた髪〟という意味だそうである。人口は約五百万人。

「なぜ、わざわざパプアニューギニアへ行ったのか？」

つぎにこの質問をよくされる。一辺倒に答えるならば「極楽鳥を探すため」であった。

私は趣味として野鳥観察をやっている。基本的に日本国内での観察だが、一度は海外の鳥を見たかった。パプアニューギニアには極楽鳥（bird of paradise）という綺麗な鳥がいると聞いていた。日本では「風鳥」とも呼ばれ、伝説の鳥「鳳凰《ほうおう》」ともかかわっている。

なぜ風鳥と呼ばれるかというと、かつてこの鳥がヨーロッパへ剝製として輸入されたときに、足がなかったそうだ。そこで空中を飛び続ける鳥と想像されて「風鳥」となったという。

戦後しばらくして遠洋漁業の船乗りをしていた方の話によると、当時、パプアニューギニアに寄ったとき、現地の人に「極楽鳥の剥製を要らないか？」と言われたそうだ。その方は断ったそうだが、当時はまだ保護鳥になっていなかったから可能だったのであろう（当時は〝二〇〇カイリ〟の規制はなかったので、日本から大型船でパプアニューギニアの近海へ行って、根こそぎに魚を獲っていたそうである。今ではとても許されない）。

さて、『本草綱目』という書物によれば「この鳥を見れば天下安泰、また、もし食すれば不老長寿になる」という。パプアニューギニアでも極楽鳥を国鳥として大切にしている。実は福岡市の動物園にもいるのだが、野生のものが見たかった。そういう軽いノリが旅の一つのきっかけだった。

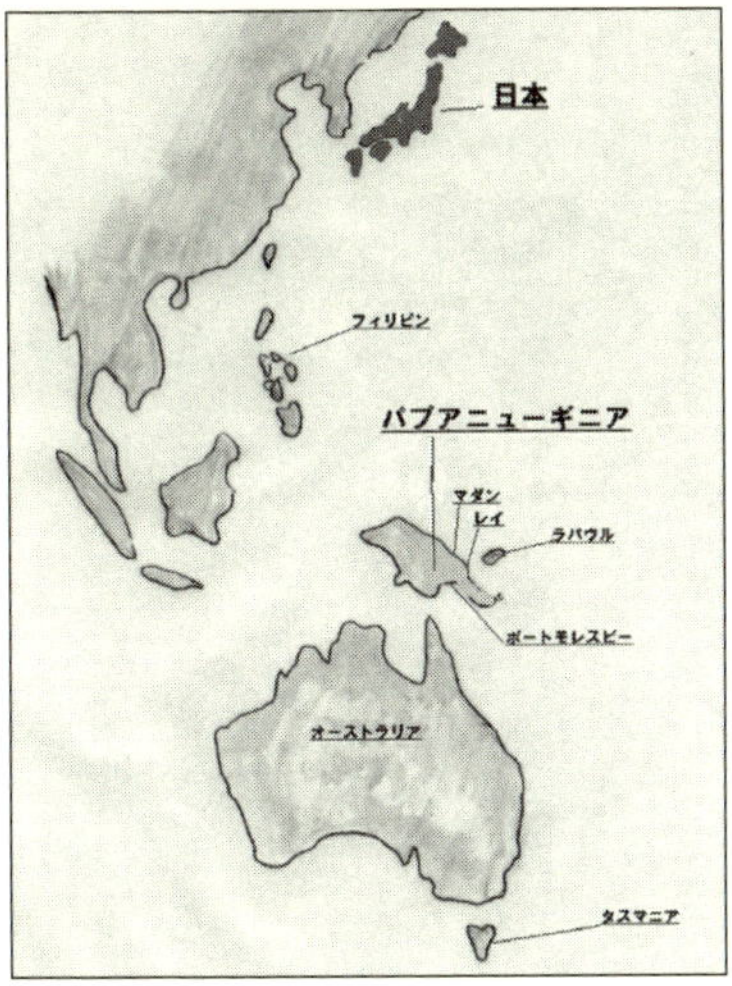

この年の七月初旬には、連日、オウム事件関連のニュースが流れていた。なぜこのような事件が起きてしまったのだろう。社会的な背景はいったい何だろうか。

そんな折りに円高傾向は加速して、一ドルが八十円を切ってしまった。経済的な情勢は私には理解できないが、せっかくだから円高のメリットを利用して、旅にでも出ようと思った。これも旅のきっかけでもある。

江戸時代の俳人松尾芭蕉が日本橋の雑踏を離れ、深川の草庵に移って一人孤独な生活を始めたのは、一六八〇（延宝八）年の冬、芭蕉が三十七歳の時であった。そして有名な「奥の細道」の旅に出たのが一六八九（元禄二）年の春から秋、芭蕉四十六歳の時である。当時の日本は元禄太平であって、経済資本の浸透によって安定していたらしい。そのような時代背景の中で、芭蕉は旅にあこがれた。

彼の俳句の世界は老荘思想による影響が強い。芭蕉自身は老荘思想から〝不易流行〟という概念を体得している。実際、旅に出たときも荘子の書物を携えていたという。ちなみに江戸末期の良寛和尚も、この世と別れるときは荘子の本だけを手にしていたとか。

老荘思想とは古代中国で確立した思想・哲学体系であって、老子、荘子によって確立された。今回の旅はひょんなことからこの老荘思想ともつながっていた。

『奥の細道』冒頭の有名な一文。


月は百代にわたって旅を続けて行くものであり、来ては去り来る年々も、また同じように旅人である。舟の上に身を浮べて一生を送り、旅人や荷物を乗せる馬をひいて生涯を過し、老年を迎える者は、日々が旅であって、旅そのものを常の住みかとしている。風雅の道の古人たちも、たくさん旅中に死んでいる。わたくしもいつのころからか、ちぎれ雲を吹きとばす風に誘われて、漂白の思いが止《や》まず……。

（『芭蕉文集　去来抄』井本農一・村松友次・栗山理一編著、小学館）

八月十日、いざ出立！

早朝、目をさますと雷雨であった。昨夜は意外にぐっすりと眠れた。荷物の用意はもちろんすべて済ませてある。

ちなみに、これは今回の旅で身にしみたことだが、一連の必需品のほかにつぎのものを用意することをお勧めしたい。自然塩、酢昆布、インスタント味噌汁、梅干、うがい薬、バンドエイド、消毒液、正露丸、殺虫剤、ビニールシート、毛布、ビニール袋、ティシュ。これらの一つでも欠けたら、旅は失敗に終わっていたかもしれない。

友人のMさんから餞別をいただいた。お土産としてタロイモのリクエストがある。Mさんには駅まで送っていただく。あいにくの雨天だが、わくわくしてくる。芭蕉がみちのくへ旅立った心境もこうだったろうか。そこで一句……。

　新たなる夢ひろがりし未知の国

九時三十分に福岡空港の国際線ターミナルの集合場所に着く。この緊張感が実にいい。全員集合し、さあ出発だ。シンガポール航空を利用してまずはシンガポールへ。

八月十一日、パプアニューギニアに立つ

二十二時十五分、シンガポールを離陸し、一気に雲を突き抜ける。エアー・ニューギニア航空で、パプアニューギニアの首都であるポートモレスビーに向かう。機内のスタッフは男性と女性が半々だった。男性がエネルギッシュであることが印象的だった。しばらくして機内が暗くなり、しばし眠る。

朝四時過ぎに、朝食だと言って起こされる。こんな早朝に？　と思ったが、考えてみると時差があるから六時ということだ。納得、納得。食べ終わると東の空が白み始めていた。そう、夜明けだ。パプアニューギニアは近い。

九時すぎ、パプアニューギニアの首都、ポートモレスビーにある空港の国内線ロビーに立つ。今こうしてパプアニューギニアの地を踏みしめているのが、何だか不思議な感じだっだ。

入国手続きの際に用意しておいた自分らの写真を係官に渡そうとした。すると係官は要らないと言う。なんでだろう？　私の想像では、「またおかしな日本人がふらりと来たが、トラブってても知ったものでないぞ。覚悟しておけ。用心はしろよ……」、こんなところだろうか。

ロビーではコカ・コーラの自動販売機が目立つ。値段は一K（キナ）、日本円で百円ほどだ。現地の方が買うことはないだろう。

さて、ここポートモレスビーからレイまでの航空券を買わなくてはならない。まとめて買う

のが普通だろうが、メンバーが「それぞれで買おう」などと言う。よく分からないがそうすることにしてしまった。

カウンターの女性が金額は一七二Kだと言うので、私が二〇〇Kを渡すと、おつりがないと言う。おつりがないとは何事か！　私は言う。

〝127K, We are NEVER NEVER 200K !〟

こんな英語でも通じたようで、彼女は苦笑いしながらしぶしぶとおつりをくれる。私は言ってやった。

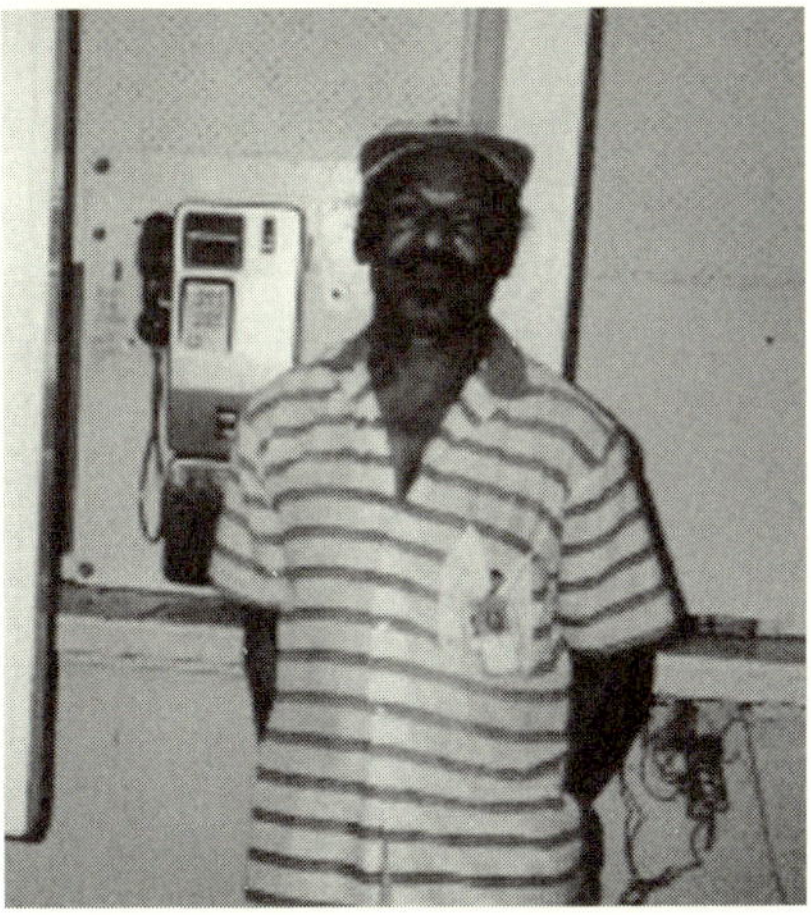
空港でテレホン・カードを貸してくれた男性

〝Please give me Tip !〟

彼女は笑って私の手をたたくと、その場を離れ、十分ほどして戻ってきた。

〝I give you Tip !〟

そしてこう言うと、我々の搭乗手続きのサービスを特別にやってくれた。実にユーモアのある方である。大体おかしな日本人たちが、航空券の購入をまとめてしなかったことをあざけったのだ。ごもっともである。

つぎは帰りの航空機のリコンファームであるが、

ここでは〝Re Booking〟のカウンターで行うという。どうにかこうにか手続きを完了した。

さて、つぎに私は、今回の旅のガイドをしてくれるF君に電話をしなくてはならない。F君とはレイの空港で待ち合わせることになっていた。

テレホン・ボックスに向かうと、コインはだめでカードしか使えない。困っていると、見知らぬ現地の方がカードを差し入れてくれた。

「テンキュー」

これはパプアニューギニア（ピジン語）でサンキュー、ありがとうという意味だ。私はそう礼を述べて写真を撮らせていただいた。

さて、私はF君宅に電話する。

〝We Japanese now Port Moresby.〟

F君は不在だったが、家の方が出て言う。「OK、OK」。これでどうにかクリアーだ。

ふと出発ロビーで大きなポスターが目に付いた。大きくつぎのように書いてある。

〝CLOSED THAN YOU THINK〟

「あなた方が思っているよりも閉鎖的ですよ」という意味だろう。旅行者へのささやかな心遣い（?）であろうか。しかし、私はこのポスターの忠告を真に理解していなかった……。

さて、ほっとしたのも束の間で、全員分のチケットが取れなかったと言ってきた。また我々をからかっているのか?　もしひとりでもキャンセル待ちが不可だったら、全員、つぎの便を待つしかない。それなのに、「ひとりだけでも行きたい」と言い出す方がいる。
私はこの時点で旅の前途多難を確信した。やっぱり海外旅行は大変だ。だからおもしろい
……のだが。
ともあれ、どうにか全員が乗れた。

文化という大きな壁

レイへ

機内の窓からは原野が望める。山の樹木はまるごと伐採され、植林の形跡はない。その余裕がないのだろうか。

ある山だけが白く光っている。残雪のようだ。それを見て、ふと私はこの世の桃源郷、パラダイスを想った。PARADAISE IN THE SNOW……。

きれいなステュワーデスが、オレンジジュースのサービスをしてくれる。腕に大きく、〝LELEE〟と入れ墨を入れていた。しばらくして彼女が、飲み終わったコップを回収に来たが、私はわざと渡さなかった。そして機を降りるときに彼女にコップを渡し、尋ねた。

〝Lelee is your name ?〟

彼女は答える。

〝Yeah.〟

そしてさらに日本語で「ありがとう」と言ってくれた。

コップを渡したことに対してではなく、さりげない心の交流に対する気持ちだろう。帰りの便にも同乗していたらいいなと思った。

熱烈な歓迎

十一時三十分、レイ近くのナザブ空港に着く。レイはパプアニューギニアで第二の都市である。天然の良港をもつ港湾都市という。ここまで無事に着いてようやく安心した。ガイド役のF君が迎えに来てくれているはずだから、あとは彼に任せればいい。私はそう思っていた……。

空港に彼はいた。ところが我々を迎えてくれたのは彼だけではなかった。二十名ほどの彼の親戚などの人たちが来ていて、熱烈な歓迎をしてくれた。みんなニコニコしている。我々は唖然としながらも、とにかくニコニコして返した。

我々全員にフランジッパという白い花の飾りを首からかけてくれる。F君いわく、「ゆうべ、みんなで一晩かけて作ったものです」。まるで国賓扱いだ。一般の市民は「何事だ？」という目でこちらを見やる。とにかく流れに任せるしかない。

ここでF君について記しておこう。年齢は当時二十三歳。パプアニューギニアから福岡の大学へ来ている国費留学生である。日本が経費を全額支給して、毎月十四万円の生活費もある。私は偶然に、彼がこの夏に里帰りするという話を聞いて、それなら観光ガイドしていただけないかとコンタクトをとった。彼が快く引き受けてくれたので、今回の旅が成立したのである。

当初の予定では、公共のバスを利用して、日本で予約しておいたホテル「ヒュオン・ガルフ

・モテル」に向かう予定であった。ところが彼によると、公共バスは危険で、日本からの大切なお客さんを乗せるわけにはいかないと言う。それで、バスだと二K（二百円）で済むところを、彼のおじさんの経営するレンタカーを予約しているからと二〇〇Kも払わされた。断ろうにもレンタカーはもう目の前に来ている。さらに、ホテルは高額だから、これもおじさんの家に泊まれと言う。ここなら〝無料〟だと。

我々はホテルのベッドで横になって疲れを癒したかったから、気が進まなかった。しかし、無料ならいいか……と、結局、おじさんの家に泊まることになった。

かつて私は、タイ国のバンコクにふらりと一人旅をしたことがある。まず最初に、予約していたホテルに行こうとタクシーに乗りこんだ。するとドライバーは言う。「そこは大変危険だから安全なホテルを紹介してやる」。それを信じて了解してしまった私は、とんでもない所に連れて行かれたのである。このときの教訓から、最初のホテルはしっかり決めておきたかった。しかし結局、あのときの二の舞になってしまった。「言うは易し、行うは難し」ということだ。

彼のおじさんの家は町の中心にあり、鉄筋コンクリート造りのりっぱな家だ。とりあえず荷物を置く。そして椅子にかけた。一服して何か飲み物がほしいところだ。しかし、そんなサービスはない。

いきなりF君は今後の旅の日程を話し出す。

レイの子どもと野鳥観察

「明日は一日、ここレイの町に留まって観光し、明後日からヘリコプターを利用して二日間ゲラウンの村へ行く。その後はレイに戻ってから決めます」

我々には言葉はない。前もって日本で打ち合わせていたのは、「明後日からマウントハーゲンへ行き、十七日からゲラウンの村へ船かセスナで行く」であった。このときに私は「船の方がのどかでいい」と言ったのだが、彼は船だと時間がかかるからとセスナを勧めたので、我々はセスナで了解した……はずだった。しかし旅のプランは大幅に変えられた。

ヘリコプターでゲラウンに行くと、代金は二〇〇〇K。かなり高額である。「寝耳に水」とはこのことだが、我々は了承した。実に彼は悪徳商法が上手である。とても学生とは思えない。私は直感した。彼にはバックがついている。親族というよりもっと大きな者だ。

ともかく我々は一休みしたあと、周辺を散策する。フィールド・スコープで野鳥観察だ。現地の子どもたちにも見せてあげると、みんな喜んでくれた。

夕方からは交流会があり、近所の方もたくさん集まってきた。ワイワイガヤガヤ。お互いに物珍しくて楽しかったが、全体の費用はもちろん我々がもつ。

女性が五、六人で料理の準備をしてくれる。二時間ほどかけて作ってくれているが、どんなご馳走が出るのだろうか、と待っていると、なかなか食事が出されない。まな板の音だけが響き渡る。我々は腹が減ってしまった。

やっと前に出された料理は、おかずが洗面器に盛られている。野菜サラダが中心で、鶏肉が少々。魚はほとんどない。ご飯が山盛りにある。私たちは、想像以上の文化の違いに困惑した。

メンバーのIさんが言う。

「誰か〝ふりかけ〟を持っていませんか」

一同、しーん。

F君は「パプアニューギニアの食事を見せたかった」という。一同唖然としてイスにかける。しかし、後日を知れば、この日のメニューはよい方だった。

メンバーが冷蔵庫に入れていたビールはいつのまにか消えていた。

家のトイレは汚いし、スリッパはない。歯磨きをしようとするとミネラル・ウォーターがない。水道水を用いると肝炎が心配だ。

とにかく我々は寝させてもらうことにした。すると子どもを一緒に寝させてくれと言う。悪いが寝るときは我々だけになりたかったので断る。男たちは我々の部屋の外で野宿しているが、気遣ってはいられない。我々はホテルを予約しておいたのに、こんな所に泊められるのだ。それに彼らは部屋の外で夜中じゅう騒ぎつづけていた。……どういう神経なのだろう。

前途多難は目に見えていた。しかし本来、旅とはこういうものだろう。しかも異国なら、なおさらである。F君にガイドを依頼したのは私のミスだが、ここで彼を遮断することはできないだろう。旅を進めるより仕方ない。

八月十二日、レイを歩く

三日目の朝、薄明かりで目覚める（といってもほとんど寝ていないが）。朝日が一気に昇る感じで、すぐに明るくなる。太陽が水平線と鉛直に昇るためだろうか。赤道直下の国にいるのだと実感した。ささやかな感動である。野鳥のさえずりも聞こえる。何という鳥だろう。日本だと早朝のスズメの役どころだ。

軽く朝食をとる。さあ、今日一日の計画をたてなければならない。当初のプランは水に流れたのだ。我々はガイドブックを開く。「メラネシアン・アートセンター」へ行ってみることにした。セピック地方などから集められた工芸品や、昆虫標本などがたくさんあるそうだ。観光名所で、土産品などを求めるに最適と書いてある。

F君にそう話すと、煮え切らない様子で了承しながら、「おじさんの経営しているレンタカーを頼みますか?」と言ってくる。我々ははっきり断った。彼には昨日、ここでの全ての観光費用として二〇〇〇Kを払っている。今さら余分には出せない。あれで全てだと彼にも再確認している。

F君はしぶしぶ了承した……ように見えた。我々は出発した。バスに乗るのだろうと思ったら歩くと言う。メラネシアン・アートセンターはそんなに近いのか。

彼は言う。「ユーミーゴー」。ピジン語で「さあ行こう」という意味だ。ピジン語は現地語と英語がなまったものらしい。

十五分して植物公園のような所に着く。「これがココナッツで、あれがパームツリーです」。彼のこのような説明を聞きながら、我々はがんばってノートをとり、写真を撮った。このような行動は日本人の得意技である。現地の人はそんな姿を見て、けったいそうな顔をしている。

大きなヤスデがいた。F君が「触ると危ないですよ」と安全を気遣ってくれる。

オルニアンという樹があった。Iさんの説明によると、この木の実は日本の浜辺にまで流れ着いているそうだ。島崎藤村の有名な詩「椰子の実」が頭をよぎる。

しばらく歩くと、太平洋戦争で日本との戦いで亡くなったオーストラリア兵の墓地にたどりついた。二十歳前後の若者が多い。彼らは戦争で海の藻屑と消えていった。人類に文明が興って以降、戦争は絶え間なくある。戦争そのものは仕方がないとしても、その被害者は常に争いの当事者ではなく、何の罪もない若者や子どもたちである。合掌……。

途中、小雨が降ってきた。我々はすぐ傘をさしたが、現地の人たちは平気で歩いている。決してあわてずにゆっくりと、「雨が降ったからどうしたというのだ」という感じだ。しかも彼らの多くは裸足である。たくましい。

電線はやたらと高いが、それにたくさんの靴がひっかかっている。紐でつないで投げかけているのだ。靴のない者が靴を所持している者に対するいやがらせだろうか。

道沿いの雑貨屋に入る。商品は豊富で、自転車が高級品として陳列してある。ビー玉やオハジキのようなものもあった。私は極楽鳥をデザインしたマッチを買った。マッチ棒の先のリンが少なく、火がつけにくい。箱の摩擦させる部分も小さい。実に経済的である。五個で一K。ちょっとしたお土産になった。

店の経営者はフィリピン人で、彼は「観光地であるマダンに行けばいい。とてもきれいな町だ」という。彼にしてみれば〝レイの下町などをヒョロヒョロ歩くものでない〟というアドバイスであっただろう。

そのうちに休憩所なる場所に着いた。昼食をとる。アンパンとサイダーだ。我々はアンパンをかじりながらF君に尋ねた。

「メラネシアン・アートセンターはどこ?」

すると彼は「途中で寄ってみたが今日は土曜日で休みだった」と言う。

「それなら、なんで早く言ってくれないか!」

我々はとりあえずそこへ行って、ほんとうに休みか確かめることにした。五分ほど歩くと、汚れてほこりのかぶった十坪ほどの建物があった。看板などはない。

「これがそうだ」

「なんで、これがそうなのだ！」

我々は彼が嘘をついていることが分かった。なぜだ？　呆然となる。不安と不信を抱えたまま、とにかく家に戻ることにした。

そのとき、町なかで騒動が起きた。ライフルをかかげた男たちの集団が、男を追って我々の方に突進してくる。ラスカルの出現か！　ラスカルとは、このあたりの強盗集団のことである。結局、男が捕まり騒ぎはおさまった。聞けば、ある店に泥棒が入って逃げたのを、ライフルを持った男たちが追いかけていたのだという。このときF君は我々の安全を気遣ってくれた。

メンバーは犯人を捕まえるところを写真に撮りに行った。危険なことを平気でするものだ。以前、タイ国に旅行したとき、現地の人からつぎのような事件を聞いたことがある。

「タイで反政府運動があったときに、デモの学生を見物していたフランス人の旅行者がいた。彼はデモの様子をおもしろ半分でカメラに収めていた。警備兵はそれを見て彼を逮捕した。結局、彼は消息不明者になった」

夜を迎える。私は悩んだ。なぜF君は嘘をつかなくてはならないのか？　このことを解決しなければ今後の旅は続けられない。なぜメラネシアン・アートセンターに連れて行かずに、太平洋戦争で日本との戦いで亡くなったオーストラリア兵の墓地に連れて行ったのだろうか。

メンバーが集まり円卓会議である。その結果、悪いようには考えないことにした。「ここまで来たのだから、いいように、いいように考えよう！」と。

しかし、彼にははっきりとこう警告した。

「君は国費留学生であって来月には日本に戻るのだろう！　おかしなことを考えるな！」

彼は分かったと言う。ほんとうに分かったのだろうか？


『地球の歩き方』（ダイヤモンド社）という本に「太平洋戦争におけるニューギニア」という解説がある。

一九四二（昭和十七）年、日本軍はラバウルを占拠。しかしミッドウエイ海戦に敗退。「加賀」、「蒼龍」、「赤城」、「飛龍」の空母を失い、制空権を失った。陸軍はスタンレー山脈を越えてポートモレスビーをめざすが、二〇〇〇メートルの峠とジャングルに阻まれて苦戦。やっと敵陣のあるポートモレスビーの灯りを見た。しかし本部からの撤収命令に従い、泣く思いで撤退する。

翌年九月、レイにあった日本軍は総攻撃を受けて撤退。三〇〇〇メートルの山岳地帯を突破、マダンにぬけた。しかしマダンにも敵の手は伸び、ホーランシャに転進。四月に玉砕という悲しい運命にあう。……ちなみにレイからホーランジャまでの行軍距離は本州の三分の二にあたるという。

未知の村・ゲラウンへ

八月十三日、入村儀式

四日目を迎える。天気は良好。今日はチャーターしたヘリコプターを利用してゲラウンという村に行く。二日間だけの予定だ。四、五日居ることを希望したが、できないとF君は言う。ゲラウンはF君の故郷だそうだ。

主だった荷物は置いておく。各自、手荷物がひとつだけである。六時に出発の予定であったが、F君は六時半ごろ部屋に来る。時間にルーズである。なにしろ彼らは腕時計などしていないし、町なかにも時計なんかない。まあ、いいってことよ。さあ行くぞ！　ユーミーゴー！

期待も不安もいっぱいだが、ヘリコプターに乗れるなど、めったにないチャンスである。日本でチャーターすれば八十万円はかかるという。「いいように考えよう」、これが今回の旅の合言葉になってしまった。

ヘリコプターのパイロットはオーストラリア人である。彼が我々に尋ねた。

〝Holiday ?〟

私は答える。

〝Yeah, holiday tour.〟

我々が観光旅行で来ているのは当然だ。なぜそんなあたりまえのことを尋ねるのだろう? まあいいか。そのとき、パイロットの目の奥にふと、理解できない〝微笑〟があった。しかし、このときは不安というよりも、謎の世界に溶け込んでいく気分だった。メンバーも沈黙を維持している。

そもそも旅をするといえば観光旅行であるから、ホリデイ・ツアーである。しかし昔、日本には虚無僧《こむそう》という、禅宗の一派〝普化宗〟の人たちがいたそうだ。彼らは僧衣をまとわずに深編みの笠をかぶり、尺八を吹いて諸国を行脚《あんぎゃ》していたという。かつての時代劇ではいつも悪役である。彼らにとって旅は観光ではなく、禅を伝道するものであった。昔はこのような旅があったのだ。

我々を乗せたヘリコプターは一気に舞い上がり、レイの町はあっという間に遠ざかっていく。機内からの景色は壮大だ。熱帯樹の原生林が続く。河川も河岸整備などされず、蛇行し流れるままである。

そんな原生林の中に、ぽつりぽつりと民家がある。あんな所に人が住んでいるとは……。我々には到底できない。私の生活のモットーのひとつは〝自然とともに暮らす〟だが、恥ずかしくなってしまう。

夢中になってカメラのシャッターをきり続けるうちに、ゲラウンの村が見えてきた。舞い降りると、なんと五百名ほどが歓迎に来てくれていた。いったい何だ？　また唖然、呆然とした。彼らは歓迎式典をしてくれるという。一昨日にレイの空港に着いたときと同じパターンである。我々はまず一服したいのだが、決してさせてくれない。また各自に首飾りをかけてくれた。

そして入村許可の儀式である。キリスト教のお祈りをする。〝日本から来たお客さんを歓迎します〟という感じだ。村人の多くはクリスチャンである。キリスト教の宣教師は、世界中のどこまででも布教に来ているのだと、つくづく思った。本来は、彼らにも独自の宗教があったはずなのだが……。

突然、二十名ほどの男女が踊りだした。クムール（極楽鳥）の羽の飾りをした男たち、おっぱいをプルンプルンさせて踊ってくれる娘さん、ブラジャーをしている娘さんもいる。肌に塗った赤い粉はお化粧である。我々はたくさんの写真を撮った。なんだかチンプンカンで、地に足が着かない。大学で卒論指導を受けているときのように、何がなんだかわからないまま、踊りは三十分も続いた。

つぎに、プレゼントと称してブタの牙の首飾りをくれた。ブタは日本では単なる家畜であるが、ここでは極めて貴重なものである。お金に匹敵する財産であり、権力の象徴という。後日見かけたが、学校の校長先生の庭には多く飼育してあったし、首輪をつけて散歩しているブタもいた。ブタは村中で大手を振って歩いているし、人間と対等のようだった。

さて、儀式の最後に「献金」なるものが始まる。キリスト教の礼拝と同じだ。我々は前面に座らされた。十名ほどが献金し、つぎに我々の番となった。そうなのか、我々に献金しろと言うのだ。献金というか、今、見せてくれた歓迎式典、否！　踊りのショーに対する代金の徴収である。我々は疲れてしまった。ぐったりして支払う気力が出ない。お金は出発前に充分に支払っている。今さら……。そう思ったが、とりあえず一Ｋずつ献金した。村の幹部たちは不満そうな顔をしていた。

とりあえず歓迎式典は終わった。最後に子どもたちから握手責めにあう。百名ほどとつぎからつぎに握手をする。そしてやっと宿に入り、荷物を置くことができた。そしてやっと熱い紅茶が出され一服できた。ショーを見せてくれる前に一服させてくれたなら、我々は献金をはずんだであろう。このパターンは一昨日と全く同じであった。これがパプアニューギニアなのだ。

ゲラウンでの入村儀式

村の暮らし

民家の造りは竹が中心である。竹を半分に割って、それを踏んで平らにして、交互に編んでいく。それを壁、床、屋根にする。高床式である。床の高さは一メートルほど。骨組みは木材を使用している。継ぎ手はただ乗せて釘を打っているだけで、ホゾなどの処置はしてない。屋根は茅で葺いてある。トタンを利用した家もある。

全体的に造りは簡単だ。時間をかけて頑丈にするよりも、簡素にして壊れたら造りなおせばいいという感じである。いたって合理的だ。日本でも、気候を考えれば高床式にするのが自然だと思う。ちなみに我家は高床式である。

床の上に黄色いきゅうりが置いてある。本来キュウリは「黄色のうり」であって、これが原種なのだろう。ここではキュウリが飲料水の代わりとなる。生水が飲めないからだ。だから皆、キュウリをよく食べる。

余談だが、福岡県瀬高町の栗の内という地区に「高野の宮」という祠がある。戦前までは七支刀があったという。そこのご神体を拝見したことがあるが、そのひとつが赤黒い肌をしたカッパの人形であった。頭の上に皿をのせている。カッパはキュウリが好きだというが、それはつまり、カッパは南方民族であったのではないか。私はここを訪れて、そう感じた。


一服したあとに小学校を訪問させていただく。歩いて十五分ほどだ。グラウンドがやたらと広く長い！　周りの野山も広く最高だ。子どもたちも元気ではつらつとしていて気持ちがいい。Tさんが広いグラウンドの真ん中で得意の手品を披露すると、子どもたちは大喜びだ。

広い大地の上で、我々とパプアニューギニアの子どもたちは大地にしっかりと足をふみしめている。〝地球〟を二本の足で踏みしめているという実感。彼らと我々の間を吹き抜けるさわ

パプアニューギニアの家の床ときゅうり

やかな風は、地球のはしっこから来て、そしてまた地球の裏まで吹き抜けるようだ。国境なんかない。私は最高の気分だった。子どもたちといるときが唯一心がなごむ。

学校の教室を見せていただくと、テキストなどが雑然と積まれていた。我々が来ることは伝えてあったのだから、整理しておけばいいのにと思うが、彼らはそんな面倒くさいことはしない。〝どうせ散らかるのだから、そのままでいいではないか〟という感じだ。私はこれでいいと思う（実際に我家とそっくりで安心する）。パプアニューギニアのこんなところも好きだ。

ここでは小・中学校は授業料が有料で、高校・大学は無料である。日本とは反対だ。教室には子どもたちの成績が棒グラフにして張り出されていた。成績のよくない子どもも張り出されている。グラフ上の赤いラインに達しない子は進級できないそうだ。小学三年のままの子どももいる。全くゼロの子どももいる。その結果、成績のよい子だけが町の高校へ行く……。これがこの国の教育施策なのだろう。

しかし、子どもたちはそんなに気にはしていないように思えた。

私は成績表の中で一番よい子の名を呼んだ。

「アバ、Good!」

アバ君は照れくさそうに笑った。

文明と文化

村では基本的に焼畑農業を営んでいる。近くの山は丸裸で、植林ということをしていない。いずれ燃料不足の時代が来るだろう。肥料不足の時代も来るだろう。焼畑であっても、うまく循環できたらよいのだが、うまくいっていないようだ。なぜだろうか？　その技術がないのか、余裕がないのか、植林ができないところが発展途上なのだろう。

かたや日本でも、都市近郊の杉山は手入れしていないので荒れ放題である。木材としての価格が低迷しているので、枝打ち（枝払い）をする余裕がないのだ。そのために、これらの杉山はプラスチックゴミと同様の産業廃棄物である（過疎地の山林は過疎地対策として補助金により経済的に成立している）。日本も発展途上ということだろう。

日本の山林利用は国家的なプロジェクトとして対策が急がれるべきである。日本は石油文化に漬かりきっており、海外から輸入された木材は野積みされたままであったりする。製材所に行けば、薪にする材木はいくらでもいただける。これらがゴミになっている現状を彼らが見たらびっくりするだろう。彼らの怒り、悲しみ、落胆は避けられない。

龍村仁監督の「地球交響曲（ガイア・シンフォニー）」という映画がある。

「もし地球（ガイア）がほんとうに生きたひとつの生命体であるとするなら………地球の声

が聞こえますか」

第一番のテーマである。その中でゾウの知性について話していた。ゾウの脳は人間以上のしわがあって、すばらしい能力があるそうだ。しかし、その能力の利用方法が人間と異なっている。仲間のゾウが死ぬと牙だけを取り外し、それを踏み潰していた。彼らは人間が牙を欲しくてハンティングすることを知っていたのである。

私は思う。キリンはなぜ首が長いか。高い樹木の葉っぱを食べるためと言われており、身体的進化と言えるだろう。人間がサルから進化して、直立歩行で「手」を使うようになったのも、同様に木の実を食べ易くするためだろう。しかし、その進化の方向の違いが極めて重要な意味をもっていた。人間は手を使うことによって「火」を手にしてしまったのである。これによって肉を焼いて食うこともできるようになった。草原を焼き払うことも。さらに〝進歩〟して焼き畑農業がなされるようになったのだ。

もしかしたら、ゾウやキリンは進化の方向性を充分に予測、想定していたのではないだろうか。私は最近そう思うようになった。彼らの遺伝子の中に、手というもの、火というものの恐ろしさが組み込まれているのではないだろうか。

我説で恐縮だが、地球（ガイア）という生命の内で、野生の動物たちは計画的に進化したのではないだろうか。しかし人間だけは火と手をもって文明をなし、そして今日では争いが絶えない。あらゆる差別、偏見、憎しみによって人類は苦しみ続ける。西洋の聖書ではこれを「禁断の果実」と呼んでいるのではないかと思う。

高村光太郎が「手」というタイトルのブロンズ像を造った。一九二八（昭和三）年、彼が三十六歳のときである。私の高校時代の先生が、昔お会いして話していただいたそうだ。そのとき氏は自らの手を差し出して、「すべてこの手がいけないんだ。だから僕は自分の手をいじめるために作品を造る」と言われたという。

しかし、人間が犯した罪をそんなに責めるのは酷かもしれない。人間はただ樹になっていたおいしそうな果実を食べたかっただけではないか。

私は帰国後、門司の税関を訪れて両国間の貿易統計資料をいただいた。二〇〇四年度の財務省貿易統計概況によると、日本は四七三万五六二五円の木材を輸入している。パプアニューギニアにとって、日本は最大の貿易相手国である。木材の他では銅鉱であり、これら二種で輸入を占めている。日本からの輸出は自動車、電気製品、工業機械など。二〇〇四年度の輸入総計は三八三三万八四六六円、輸出は七七三万八一〇円である。日本からの輸出より輸入の方がかなり多いのは意外だった。

森林の伐採により、彼らの森での自給生活が奪われるという問題がクローズアップされている。ニューブリテン島のウボルでは五〇万ヘクタールの森が狙われているという。ヒット・エンド・ランという〝伐っては逃げ去る〟方式が世界的に行われてきたそうだ。

それに対して、彼らは部族の伝統的な慣習や教えを引き継ぎいでいる。木材の伐採と引き換えに、七つのプロジェクトを立てているそうだ。蝶の養殖、米づくり、芸能、石鹸づくり、スクリーン・プリンティング、ゲストハウス運営、物品販売など……。ぜひ、がんばってほしい。

村の夜

夜になる。電気もガスもない。そんな暮らしがほんとうにあった。日本でもかつてそんな暮しがあったと聞くが、実際にそのような世界にいる。周辺にぽつりぽつりとある民家からは、夕食の準備だろう、煙が立ち昇っている。

　宿はまさに「埴生《はにゅう》の宿」である。部屋には窓がひとつだけ、ガラスではなくて開き扉である。私がテラスで立ちすくんでいると、子どもたちがその窓から覗いていた。目と目が合う。にっこり笑う。

　壁は竹を割って交互に編んだだけだから、いろりにつけた焚き火がその隙間から透けて見える。とてもすがすがしい。深夜になると、村で見える明かりはこのかすかな〝ともしび〟だけだ。

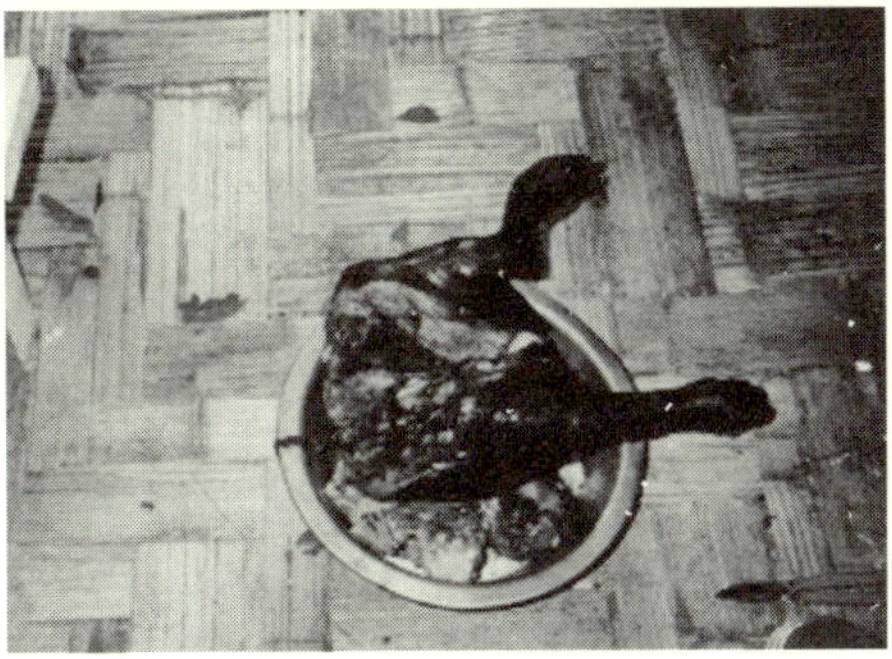

ゲララウンの村での食事

しばらくして子どもたちが我々の夕食を持ってきてくれる。ブタの丸焼きとタロイモ、そしてサイという野菜である。米はない。ここではタロイモが主食である。この芋はとてもうまいが、朝昼晩これが続くのだ。豚肉を食うといっても丸ごとであり、スライスしてあるわけではない。一頭分の一部をみんなで引きちぎって食べなくてはならない。翌日も我々が食べ残したものを持ってくる。なぜか減っていて、だれかつまみ食いした形跡がある。

我々は空腹であったが、食欲はわかない。タロイモは洗面器に盛られている。以前はいったい何に使用していたのだろう。洗顔かゴミ入れにしていたのではないか。盛る前に洗ってくれているのであろうか。塩などの味付けもない。以降、我々は自らの腹に蓄えた〝体脂肪〟を消費していくことになった。

夜の八時をまわる。まだ寝るには早すぎるが、テレビやラジオがあるわけでもない。そんなときにF君が友達を数人連れてきた。しばらく語る。といっても私の片言の英語では満足な意思の疎通はできない。彼らはとてもまじめな青年らしかったが、私たちとF君との間に信頼関係がないのに交流は不可能だった。しばらく語ったあと、彼らは帰っていった。

彼らの我々に対する気持ちと、F君の気持ちとは異なる。我々が彼らと直接のパイプをもつことをF君は嫌っていた。

早いが九時過ぎに床につく。蚊取り線香を焚くことは忘れてはならない。マラリア対策だ。

今回の旅を思い立ったときに、山口大学の文化人類学者Aさんをお誘いした。するとAさんは「昨年、アフリカへ行きました。メンバーがマラリアで死んでしまいました。今回は参加できません。予防対策などの資料を送ります」と言われる。

マラリアとはハマダラカという蚊が媒介する病気で、かつての日本脳炎のようなものだ。高熱が出て、割れるような頭痛があるという。命をとられることも多い。ダラプリムなどの予防薬はあるが、耐性マラリアといって、現代の予防薬では効かないものもある。それに予防薬による副作用で肝臓をやられることも多く、薬は服用しない方がいいようだ。実際に私の学生時代の友達は、アフリカに旅行してマラリア予防薬のために肝炎になった。

さて、眠ったものの、とにかく寒い。深夜の一時ごろに目を覚ます。寒いのもあたりまえだ。高度計によると、この地は一五〇〇メートル。しかも家の周りは竹を一重に編んだだけだ。山の冷気がしみこむ。それにF君から支給された毛布は二枚だけである。我々は五名。どう使えというのだろう。当のF君は、囲炉裏《いろり》のある別の部屋で寝る。

ここで風邪をひくわけにはいかない。病気で寝込んだりしたら、パプアニューギニアの病院に入院するのか？　そうなれば他のメンバーも、一人を残して帰るわけにはいかない。私は持ってきたあらゆる服を着た。タオルを首に巻き、軍手をつける。そしてビニールシートを上にかけた。これがなかったら風邪をひいていただろう。

それでも未明の四時ごろ、また寒さで目覚めた。ああ、なんという所に来てしまったのか。旅をするときは防寒対策も必要不可欠である。これも肝に銘じておこう。

キョッキョッキョッ、キョッキョッキョッ……。ヨダカのさえずりが聞こえる。あたかも我々を傍観しているようだ。

「ヨダカが鳴いてるよ」

「そうですね」

日本のヨダカよりも鳴くペースが速い。私はそのさえずりを静かな気持ちで聞いていた。そうだ、我々は野鳥観察に来たのでもある。ここでヨダカのさえずりを聞いて夜をあかせることが、どんなに感動的か……。

キョッキョッキョッ、キョッキョッキョッ……。静まりきった漆黒の空に響きわたる。限りない静けさと山の冷気とがあいまって、ヨダカのさえずりは響きわたる。キョッキョッキョッ、キョッキョッキョッ……。いったい何を歌っているのか。私は耳をすまして聞いていた。そして思った。ヨダカは闇の帝王だと。ヨダカは闇の空間を支配する神だと。人間が決して立ち入ることができない世界だろう……。

八月十四日、ゲラウンの人々

未明、東の空がかすかに白むと、村では太鼓のような楽器の音がこだまする。ポンポンポン、ポンポンポン……。単調でスローなペースである。一日の始まりを告げているのだそうだ。「ガラムート」という打楽器で、日本におけるお寺の鐘のようなものだ。

朝の村を歩く。睡眠不足で目がとろんとしている。私はすれ違う村人に声をかけた。

「モーニン」

村のお母さんは笑顔で私にこう返した。

「モーニン、アイサーク」

はて、アイサークとは何だったかな? そうだ、きのう私が遊んであげた子どもの名前だ。私のその行為が彼女たちには印象的だったのだろう。彼女たちは私の名前を知らないから、ニックネームをアイサークにして呼んでくれたのだ。うれしかった。言葉は通じなくても気持ちは充分に伝わる。

しかし、洋の東西は問わず、いやなやつはいる。村を散策していたら窓から顔を出してきて「家にあがれ」と言う。あがると、家長らしき男は「帰るときに何かプレゼントを置いていってくれ」と、つまりまたお金をくれと言う。私はあきれてしまった。

七時ごろ、いつものようにイモとサイだけの食事が出される。メンバーが梅干しを出してくれた。うまかった。梅干しがこんなにおいしいものだとは気づかなかった。これがあったから生き延びることができたのだと思う。

「ハックション」

Sさんがくしゃみをする。

「風邪ですか!」

「違う。外気にさらしただけだ」

一同、安心する。一人でも倒れると旅がストップしてしまうのだ。気を引き締める。

「近くの川の水が飲めるのでは?」

「さっき娘さんが洗濯していたよ……」

このようなサバイバルな旅では情報交換も必要不可欠である。

今日は山歩きをすることになった。天候は晴れたり曇ったりである。しかし、村人が私の所に来て、これから雨が降りそうだと言う。だったら山歩きは止めた方がいい。私はその旨を伝えたが、他のメンバーはガイドを頼んで山に入ってしまった。

一人残った私は、広場で子どもたちを集めて「竹とんぼ教室」をすることにした。日本であらかじめ用意しておいた竹を持ち出し、小刀とノコギリで細工する。子どもたちが集まってきた。なんとなく気持ちが伝わる。私が「テンキュー」と言うと、彼らは「ありがとう」と言ってくれた。F君に尋ねて日本語を知ったのだろう。その気持ちがとてもうれしかった。竹とん

ゲラウン村の様子

ぼも完成。空高く飛んでいった。

　村の若者が私の前で弓を引いてくれる。今度は彼らによる弓教室である。私もやってみる。最初はうまくいかなかったが、二回目はどうにか飛ぶ。「オウ！」、パチパチパチ……。村人たちが拍手をしてくれた。とても楽しかった。

　村の広場では、人間だけでなく犬、ブタ、ニワトリが闊歩《かっぽ》している。まさに人間と動物が共生しているようだ。犬がバナナの皮をおいしそうに食べていた。日本で犬にそんなものを与えたら怒られるだろう。子犬を数十万で買って大切に育てているのだから。

　ブタなんか人間より偉そうにして、我々を変なよそ者として挑発してくる。

　私は村人に尋ねた。

「このブタは誰のものか？」

すると、「みんなのものだ。個人の所有物ではない」と言う。

これはとても重要なことだ。ほんとうの意味で共有しているならば〝原始共産制〟であり、理想だろう。しかし、「みんなのもの」というのが「村の権力者のもの」ということであり、おこぼれを村人がもらうのであれば、理想と正反対である。もちろん私にはいずれか分からない。

日本がこの村で物質援助できる物は山ほどある。植林技術であれ、農業技術であれ、役に立って喜んでもらえるだろう。しかし現実的にはむずかしい。物質を援助する場合、分配方法が一大事となる。おかしな方法をとると喧嘩になるだろう。さらに、物質の提供が途絶えると反動で社会が乱れる。物質の援助と同時に、私たちの気持ちを提供しなくてはならない。それが備わってなければ援助は成立しないだろう。

村の葬儀

たまたまこの日、村で葬儀があったので、そこで少し拝見させていただく。教会は村の最上部にある。

ここでは土葬である。私は風葬を期待していたが、キリスト教の教えに相反するということで禁止されたそうだ。周りに杭を打ち、垣根として立ち入れないようにしている。民俗学者、五来重《ごらいしげる》の書で知った「忌垣型殯《いかきかたもがり》」のようだ。「殯」とは、本葬をする前に、棺に死体を納めて仮に祭ることをいう。本葬までの間に霊が祟ったり暴れたりしにようにする意味もあるのかもしれない。「遊部《あそびべ》」という「殯」に奉仕する宗教者が日本にいたらしい。

古代出雲で天稚彦（天若日子）が殺されたときには「日八日夜八夜遊也」八日間と通し遊ぶ……と『古事記』にある。沖縄の風葬の場合は「飲んで踊って遊んでいた」と伊波普猷の『をなおの神の島』にある。

さて葬儀は日本と同じような雰囲気であった。子どもたちは元気にははしゃいでいたし、大人たちは真剣そうに、または真剣でなさそうに何か考え込んでいた。女性が二人立っていて、F君によると「泣き女」だという。もう仕事が終わってニコニコしていた。ここにも「泣き女」がいることに驚いた。

ここで森敦の小説『月山』を引用させていただく。彼は一九五一（昭和二十六）年の冬に、豪雪、厳寒の月山のふところの村で過ごしたそうだ。電気、ガス、新聞、ラジオもない。質素な食事だけの生活。閉ざされた土俗の暮らしに浸《ひた》りながら、いつしかこの世ならぬ幽冥《ゆうめい》なる世界に溶け込み、生と死の淵源《えんげん》をさまよったという。

ながく庄内平野を転々としながらも、わたしはその裏ともいうべき肘折《ひじおり》の渓谷にわけ入るまで、月山《がっさん》がなぜ月《つき》の山と呼ばれるかを知りませんでした。（中略）月山は月山と呼ばれるゆえんを知ろうとする者にはその本然《ほんねん》の姿を見せず、本然の姿を見ようとする者には月山と呼ばれるゆえんを語ろうとしないのです。月山が、古来、死者の行くあの世の山とされていたのも、死こそはわたしたちにとってまさにあるべき唯一のものでありながら、そのいかなるものかを覗わせようとせず、ひとたび覗えば語ることを許さぬ、死のたくらみめいたものを感じさせるためかもしれません。

（森敦「月山」『芥川賞全集十』文藝春秋）

夕方になって他のメンバーが山歩きから帰ってきた。村人の言われたとおり、雨降りになっていた。かなり濡れている。風邪を引かないでほしい。

Hさんが「極楽鳥を見た！」という。

「よかったですね。すごいじゃないですか」

少し残念だったが、村で過ごした時間が楽しかったので、よしとしよう。

足元を見られている

日はまた沈む。夕食が出される。いつもと同じ、タロイモとサイだけ。おいしいとか味わうというものではない。ただ胃の中に放り込むという感じだ。

そんなときにF君が来て言う。

「帰りのセスナ代が四八K足りなくなったのでください。僕がいなくて旅ができますか？」

我々はすぐには答えなかった。彼のこのような行為にはもう慣れていた。完全に足元を見られている。我々はまた会議を開いた。

我々は山また山奥の村に来ている。周りは真っ暗。村人たちの笑い声まで不気味に聞こえる。もうこれ以上、彼に金を払いたくはないが、要求を断ればこの村に置いておくぞという気だ。なんて悪知恵のあるやつだ。さあどうする。

「払うのは反対だ。なめられている」

「一昨日の段階でこのような事態は予測されていたはずだ。仕方ない」

「彼には充分に払っている。必要はない」

「なにはともあれこの山から出なければ……」

「足元を見られているぞ」

「村人は親切で山のガイドもしてくれた。シンシンの踊りもよかった。払ってもいい」

結局、我々は四八Kを払うことにした。

「一歩一歩、前進して五日目を終えたことは喜ばしいことだ」

「後退ではないか！」

私は言った。

「無事に福岡に着いたら、この登山は頂上到達だと思う」

しばらくしてアイサーク少年の母親が宿に来た。「子どもと遊んでくれてありがとう」と言ってバナナを差し出される。お礼をしなくてはならないのか？　私は何もしなかった。つぎにおじさんがやって来た。「ほら貝を買ってくれ！」と言う。彼らにとってほら貝は貴重品なのだろうが、それよりも現金の方を望むのだろう。彼らは現金を得て山を降りたいのか。お金とは彼らにとって何なのだろう。我々が意識しているお金の感覚とは異なる。いや、それだけ村は生活に苦しいのだ。……とても疲れた。

F君が嘘つきだと見抜けなかったのは私のミスである。出発時点でおかしいと感じていたのだが、めったにない旅行チャンスに目をつぶってしまった。数学の計算問題を解くとき、初期の段階でミスをしたら、後でどんなに時間をかけても意味はない。それと全く同様だ。日常から離れて非日常に入るとき――例えば今回のパプアニューギニアの旅――それは難しい数学の問題を解くようなものだ。日本の旅行社のパックツアーに参加するのとは異なるのだ。出発点から確実に進めていくことが必要不可欠であった。

F君は日本国の国費留学生である。「元」留学生ではない。また日本に戻るのである。だから間違ったこと、おかしなことはしないだろうというのが私の判断だった。しかし、それはとんでもない間違いだった。彼は目先のことしか考えていない。「いかにしてお金を取るか」ということなのである。故に日本人と精神的な友好関係を持つ気はない。

出発以前にF君は我々に言った。「僕は日本の女性と結婚するのが夢です」。しかし彼には婚約者がいて、一緒に食事もした。なぜ、わざわざそんな嘘をついたのだろう。婚約者はいるが、やはり裕福な日本人女性と本当は結婚したい、ということだろうか。

ともあれ、この国に来てから、私たちのすべての価値観が通じないことを痛感した。私たちが学校で習ったような常識。「一＋一＝二」というような考え方が通用しない。この私たちの通りいっぺんの「常識」から抜け出さないことには、この国のような、日本とはまったく違う文化を理解することはできないのだろう。このことは今回の旅で得た、大きな収穫のひとつである。

深夜、トイレで外に出る。曇りなので月明かりもない。真黒、漆黒の世界だ。周囲数百キロ、明かりはない。日本では考えられないだろう。別に恐怖はなく、かえって気分がすっきりする。ゼロの世界かもしれない。ゼロを発見できたら、今度はマイナス一、二、三……と探求していくことが〝真理の探究〟なのだそうだ。いつか私も試みたいものだ。

「底の抜けたバケツ」という、ことわざのような禅問答のようなものがある。「底の抜けたバケツで水をA地点からB地点まで持っていけ!」というものである。どうやって持って行けばいいか。満タンに入れても着いたときにはカラである。

解答は二通りあると思う。底が抜けていても少しは貯まる。少しずつ貯めて数十回か往復して運ぶのである。そしてもうひとつの解答は、どんなに時間がかかっても、底の抜けたバケツを修理して運ぶのである。取っ手を外して削ってナイフを作り……、この方法だと、より時間がかかるかもしれない。しかし、私は後者が正解だと思う。

底の抜けたバケツで水を運ぶという、このような愚かな問題は人生において多々ある。一度だけなら前者の方法で済む。繰り返しこのような問題が出されることに気づいたならば、後者を選択しなくてはならない。しかし、実際の人生において、ほとんどの人間が前者を選択させられてしまう。難しいところだ。

嘘とパラダイス

八月十五日、レイへ戻れない？

日本ではお盆を墓参りでもして過ごしているのだろうか。

今日の予定は、この村を離れ、山の上にある空港へ向かう。そしてセスナでレイの町に戻る計画だ。

F君からは未明の五時に出発と聞いていて、我々はそれまでに準備をし終えていた。「パスポート、チケットの確認をしましょう」、「OK！」、「GOOD！」。基本的なことを着実に進めていこう。

六時を過ぎて村が活気づいても、F君は来ない。毎度のことだ。「朝五時に出発」ということは「朝のうちに出発」ということだろう。「浪速《なにわ》の葦《あし》は伊勢の浜荻《はまおぎ》」である。郷に入らば郷に従えばいい。我々はF君を叱らなかった。とにかく今日、飛行場まで行き、セスナでレイの町に戻れればいいのだ。

七時過ぎにゲラウンの村を出発。多くの村人が送ってくれた。みんな純粋そうだ。しかし私は彼らの何を信じていいのか分からない。

女の子がプレゼントと言って果物をくれる。アイサーク少年もバナナをくれた。

「シー・シェイブ・アップ（とてもありがとう）」

そして男が弓をくれると言う。しかし、これは断った。タダほど高い物はない。残念だが仕方がない。

そんな時に、F君が「夢野先生、ヘリコプターで帰りますか？」と言い出した。

「何言っているんだ。今からセスナに乗るんじゃないか！」

私は当然、断る。彼は無言だ。それにしても、なぜ私のことを先生と呼ぶのだろう？　こう

呼べば日本人は喜ぶと思っているのだろう。実際、そんな日本人も多いに違いない。

それにしても、なぜここでヘリコプターの話が出てくるのだろうか。分からないが、まあいい。とにかく、ガイドの指示によると、どうやら山を登る必要があるらしい。二時間かけての登山である。高低差五〇〇メートルだそうだ。

ポーターの娘さんが我々の荷物を運んでくれる。その分の料金は前もって払っているから問題はない。ワイワイと喋りながらのトレッキングである。景色は最高だ。

我々が汗だくになるのに、彼女たちは平気である。まるで足の裏に吸盤がついているかのように急斜面をすいすいと登っていく。足の裏に泥が付くと、まるで長靴の底の泥をとるように岩にたたきつけて落とした。実にたくましい。そして我々の様子を見てクスクスと笑っている。とても楽しい。

雄大なパノラマ……。今までいたゲラウンの村が小さく見える。清らかなせせらぎ。野鳥のさえずり。インコの仲間だろう、とてもきれいな鳥たちだ。ただ歩くだけだが、それがいい。

セスナを待つ

九時過ぎにコンゲの村に到着。空港は確かにあった。といっても滑走路は草むらである。学校の校庭としても使っているし、広場でもある。井戸端会議の場にもなっている。のどかなものだ。

我々はセスナ機が来るのを待った。一時間ほど経ったろうか。しかしセスナは来ない。そこでF君に尋ねる。

「セスナはいつ来るのか?」

「午前中に来ると思う。午後になることもある」

我々は待った。十一時ごろ、セスナの音がする。「やった!」。だんだんと音が近づく。上空まで来る。だがしかし、なぜか空港には降りない。我々の真上を滑走路と直角に横切って、遠くへ行ってしまった……。

F君は言う。

「気流の関係だろう。パイロットの技術的な問題で着地しきれないのかもしれない」

しかし、私は思った。天気はよく、風もない。着地できないはずはない。彼はまたいつもの嘘をついている。そういえばコンゲに着く少し前に、セスナの到着する爆音がしていたではないか。我々はそのことさえ冷静に判断できていなかった。

空港の草むらで子どもたちが遊んでいる。我々は日本の野球を教えてあげることにした。みんな盛り上がってくる。彼らはサッカーやラグビーはよく知っているが野球は知らなかった。自然児だけあって運動センスがあり、ボールを打たせるとよく飛ぶ。ジョークも充分に通じた。元気な子どもたちと遊ぶ時はとても楽しい。

バットを持つのは元気な男の子だけだ。女の子は、はにかみやが多くて、バットを持たない。私が女の子に打たせてあげようとすると、彼女たちは逃げる。私が追いかけると、滑走路いっぱいに逃げる。私も滑走路いっぱいに追いかける。女の子たちは大きな声で「ワーワー」と叫び続ける。やはり子どもはいい。純粋でけがれはなく、それに嘘をつかない。子どもの笑顔は〝万国共通の宝物〟である。しかし長老たちは、我々が子どもたちと遊んでいるのを尻目に隅っこで輪を作り、こそこそと何かを話していた。

そうこうするうちに午後三時を過ぎる。ふと思い出した。セスナが来ない！

私は一人、とぼとぼと空港の事務所に向かった。事務所といっても小さな小屋だ。若い事務員が一人いた。私は尋ねた。

「セスナはどうなっているのか?」

「今日はセスナは来ない」

私は呆然とした。

「それならそうとなぜ教えてくれない！」

彼はニタッと薄ら笑いしている。何とも言えぬ含み笑いである。何を考えているのだ。

そうだ！　レイからヘリコプターに乗ったときに、オーストラリア人パイロットが見せた微笑と同じである。私は一瞬、身震いして青ざめた。草むらでがっくり腰がぬけた。

それから、とぼとぼと戻り、メンバーに伝える。そしてF君に言う。

「いったいどうなっているんだ！　セスナが来ないのならなぜ教えてくれない！」

するとF君が言う。

「ヘリコプターを呼びますか？」

セスナだと四八K、ヘリコプターだと九〇〇Kである。また我々からお金を搾り取ろうというのか。

「今から僕がゲラウンの村に行けば無線機でヘリコプターをチャーターできる」

「この村には無線機はないのか？」

「ない」

「こんなりっぱな空港があって無線機がないとはどういうことか！」

「壊れてしまって、ない」

「ゲラウンの村からヘリコプターがチャーターできるならセスナと連絡してくれ！」

「セスナとは連絡できない」

「なぜヘリコプターと連絡できてセスナと連絡できないのか？」

「ラジオで呼びかけますか？　日本語よく分かりません」

「ふざけるな！」

まさに「ああ言えば上祐《じょうゆう》」である。その様子を見てメンバーが私を止めに入った。我々は輪を作り、会議をする。村人たちは薄ら笑いで遠くから我々の様子を見ている。

我々の結論は、「とにかく明日、セスナが来るのを待とう！」であった。私はF君に尋ねる。

「今夜泊まる〝床〟はあるのか？」

F君はモジモジと考え込んだ末に答える。

「二〇K……いや三〇Kかかるけど、いいですか？」

「なぜ金額で考え込む！　……三〇Kがすべてなんだな」

「食事代は別です」

「………………」

我々は了承した。というか了承せざるを得ない。ともかく最悪の事態の野宿だけは免れた。宿に荷物を運び、庭先に出る。疲れた……。身震いがした。F君が嘘つきであることはとっくに分かっている。しかし空港の事務員もが嘘をついている。村人たちも……。信じられない。命の危険すら感じた。ずっとこの村に閉じ込めて、じわりじわりと金目のものを取り尽くしたら、飢え死にさせてその辺の谷に捨てるのだろう。ブタの餌にされるのかもしれない。

助けを求めようにも電話などない。我々がこんな山奥にいることなど日本では知らないから、救援されることはない。私は生まれて初めて「死」を意識した。子どものころ、ニューギニアには人食い人種がいると聞かされたが、ほんとうにそんな人種がいるとしたら……。

映画「砂の女」

宿で夜を迎える。宿といっても四面、竹を割って編んだだけの小屋である。ホコリだらけで、掃除など数年していないだろう。

夕刻であるが部屋の中は暗い。もちろんガラス窓などない。村の子どもたちが夕食を運んでくれる。メニューはいつもの通りイモとサイだけである。なぜか空腹感がなく、喉を通らない。

川崎一平さんがパプアニューギニアで調査研究された報告書がある。泊まった宿の状況が悲惨でゴキブリの巣だらけであったという。愕然とする彼を見て、村人は「かわいい女にもてていいじゃないか」と慰めてくれたそうだ。ここの宿も似たり寄ったりである。Iさんいわく「川崎さんの報告書とそっくりですね」。

「そうですね……」。

しばらくして村人の十数人が〝歓迎〟に来てくれた。牧師さんも来た。メンバーが尋ねる。「明日はセスナが来ますか？」。牧師さんいわく「明日は必ず来る」。メンバーは安堵した。

村人は太鼓をたたきながら数曲を歌ってくれた。パプアニューギニアの国歌も歌ってくれた。そのメロディーは今でも覚えている。我々も日本の歌を歌い、「山」の歌など輪唱してみせた。「黒田節」の唄と踊りも披露した。しかし、一時間ほどで休ませてもらうことにした。我々がこの村に滞在する計画はなかったのだから、少ししらけた。気分が乗らないのもしかたがない。

今回の旅の出発点で、私はF君に「期間中ずっと村に居れないか?」と聞いた。すると彼ははっきり「それはできない」と言ったのだ。だから我々は食料も防寒も用意していない。

私はSさんに言う。

「村人はみんな嘘をついている。明日もセスナは来ないと思います」

ここには囲炉裏があり、火を焚いていれば寒さはしのげる。昨日までのゲラウンとは異なる。しかし、ノミとナンキンムシの襲撃に悩まされた。じっとしていると体中をモソモソと這い回る。Sさんは捕まえてはビニール袋に入れていく。

「明日、何匹とったか数えよう」

「おもしろいですね。ハハハ」

すでに袋には三十匹をこえるノミたちが入っていた。

勅使河原《てしがわら》宏《ひろし》監督の映画「砂の女」は、私にとって最高傑作である。原作・脚本は安部公房氏である。

一九六四（昭和三十九）年の作品で、フランスのカンヌ映画祭では特別賞を受賞している。日本ではそれほど有名ではないが、海外、特に東欧諸国では最高に評価されたそうだ。

いわゆる〝前衛〟と呼ばれる方たちであって、学生などの全学連闘争も、根っこにおいて彼らを抜きには語れないだろうと思う。私は前衛画家、東郷青児の「ピエロ」という作品も好きである。

「砂の女」では、へんぴな漁村に休暇を利用して昆虫採集にやってきた先生（岡田英二）が幽閉されてしまう。村全体のたくらみであり、中年の女（岸田今日子）とのきっかいな同棲生活が始まる。なぜ幽閉されたのか？　村人たちは何を言いたかったのか？

安部公房は『燃えつきた地図』という小説の中で、「あなたは鈍感なんですよ。ぼくが言った言葉から、嘘と本当が、てんで見抜けないんだ。喋《しゃべ》っている以上は、どんな嘘にでも、ちゃんとそれなりの意味があるのにさ」（『新潮日本文学46』「安倍公房集」）と記している。

我々が今おかれている状況と「砂の女」はよく似ていた。

見えない雲

我々は身体的にも精神的にも疲れていた。そんなとき、ふと外に出てみて驚嘆した。みごとな星の世界がひろがっている。プラネタリウムのようだ。

「星がきれいですよ！　出られてみませんか」

みんな表に出る。

「すごいなあ」

「広場に行ってみましょう」

外灯の明りも車のライトもない。なにしろ一〇〇キロ四方、明りがないのだ。懐中電灯の明りを頼りに歩く。五分ほどで広場に着く。まさに闇の世界。そんな大地から天空を見上げる。きらめく星たちのまばたき。それだけが大地を灯す。そして南北に広がる雲、雲……。なんで雲があるのだろう……、いや、これはもしかして……。そう、雲ではなく天の川だ。それはまさに天につなぐ橋げた。私は生まれて初めて本当の天の川を見た。日本ではこんな天の川は到底見ることはできないだろう。空気が汚れてないというのはこういうことか。

広場に村の子どもたちが集まってくる。「Milky Way……これは星の集まりだよ」と言うと、子どもたちは〝知ってるよ〟と答える。

Sさんは星座の写真を撮られる。「最高の写真になると思います」。


〝見えない雲〟である。

雲が見えないのではない。

雲のようなものによって隠されて見えない大切なものがある。

そのことに気づいてほしい。

「深夜また広場に来ましょう。月が出ているはずです」

Sさんの言葉に、我々は一旦、宿に戻って一眠りしたあと、また深夜に向かう。確かに月が出ていた。Sさんはまた写真を撮る。月は満月ではなくて少し欠けていた。欠ける位置が日本とは異なる。そうなのか、緯度によって異なるのか。

「子どもたちにスコープで月のクレーターを見せてあげたいなあ」

我々は昼間の心労をしばし忘れた。これを見ただけでもパプアニューギニアに来た甲斐がある。心からそう思った。


宿に戻った我々は、静かにいろりの火を見ていた。しばらくして入口の戸が、ガリガリ、コンコンという音がする。何だろうかと見ていると、犬が入ってきた。様子を伺っている。目と目が合う。村人が「シッ」と言う。すると犬はすぐあきらめて出て行った。我はおかしくて笑った。犬も暖かい部屋に居たいのだろう。

三十分たったろうか。ふたたび扉がガリガリ……コンコンと音がする。またやつが来たな。案の定、犬は入ってきた。また様子を伺っている。村人は入ることを黙認した。犬は隅っこで寝る。とてもほほえましい光景だ。

今日という日が終わる。長い一日だった。

八月十六日、セスナは来ない

七日目。天気は快晴。なによりである。我々はまず空港の事務所に寄る。事務員いわく、「セスナは朝の八時か九時に来る」。

しかし私は言う。

「今日もセスナは来ないだろう」

メンバーは言う。

「必ず来る。悪いようには考えまい」

とにかく荷物を整理して滑走路に向かった。そしてセスナを待った。

八時三十分ごろ、かすかにセスナの音がする。村人が大きな声で叫んだ。

「セスナが来た!」

我々には見えないが、彼らは視力がいいし、飛んでくる方向も知っているのだろう。しばらくして、ほんとうにセスナは近づいてきた。「やった!」。Tさんは蝶の捕獲網をかざして我々の存在をアピールした。

「オーイ、オーイ」

しかしセスナは着地しない。昨日と同じく滑走路のすぐ上を、昨日よりも低くかすめながら、直角に横断して遠くへ行ってしまった。

メンバーは遠ざかるセスナを呆然と見ていた。するとセスナは、我々が一昨日までいたゲラウン村の滑走路に降りた。ゲラウンに飛行場があったか？　そうだ、あの学校のグラウンドだ。我々は唖然とする。これでゲラウンの学校の校庭の広さの謎が解けた。

F君による今回の事態の説明はつぎのようなものだった。

「セスナは別の空港へ行った。そちらが優先だ。そっちで満席ならば、こっちには来ない。空席があったら来る」

「なぜゲラウンの空港に我々を……」、とにかく待とう。それしかない。

十時すぎにセスナの音はした。私は立ち上がらず、ただ空を見上げる。セスナは上空に来るが、案の定、二度ほど旋回しただけで、紺碧の空のもと、はるか遠くへと消えていった。

実に澄み切った青であった。こんな青空は初めて見た。昔、台風が去ったあとに澄み切った青空を見たことはあるが、やはり異なる。このときに見た空の青さは今でもはっきりと脳裏に焼きついている。

Sさんは言う。

「君の予測したとおりだね」

私はうっすらと笑った。

村の幹部らしき男がニコニコしながら我々のもとに来て、パイナップルをプレゼントしてくれる。〝セスナが来なくて残念だったね〟という感じだ。我々はモソモソと食べる。とても甘くておいしかった。娘さんたちもバナナをくれた。彼女たちも含み笑いを浮かべている。しかし、私は彼らの含み笑いを見て、ここは危険な村ではないと思った。〝人食い人種〟なんかではない。安心する。

しかしなんという異常空間だろう。これをブラックホールに落ちたと言うのだろうか。ふと今朝、空港の事務員が言った言葉を思い出した。「セスナは八時から九時の間に来る」。昨日、ゲラウンの村からコンゲの村に九時過ぎに着いた。

つまり、我々は昨日、確実にセスナに乗れなかったのだ。F君ははじめからセスナに乗せる気はなかったのだ。

ヘリコプターＯＫ

足、腰、手がやたらとかゆい。昨夜、ノミやナンキンムシたちの襲撃にあったからだ。掻くと、なぜか皮膚がふやけてくる。そこへハエがたかりつく。日本にいる軟弱なハエとは違う。数時間するとそこが化膿してくる。そして血がにじみ出し、夜には痛みはじめるのだ。

私は木陰にいた。しかし村の人たちは炎天下で楽しそうに話しこんでいる。暑くないのだろうか。私も日なたに出てみた。すると意外に気持ちいい。日差しは強いが湿気がなく、からっとしているからだろう。さすがに赤道直下だけあって、とてもまぶしい。これが熱帯の日差しというやつか。私は草むらで大の字になった。満ち足りた草食動物が膝を折って昼寝を楽しんでいるようなものだ。しばらくうたた寝する。
ふと思った。もしかして、ここはパラダイスでは？　しばし現状のことは忘れた。まさに夢の世界である。

パラダイス

我は太陽をにらみつける
赤道直下の太陽はまぶしい
強烈でつきさささるようだ
だけどなぜか気持いい

太陽は我に光のエネルギーをたたきつける
ギラギラと　まさにギラギラと
湿気のない　からっとした空のもと
暑苦しくはない
とても気持いい
なんだか太陽のエネルギーを

そのまま我の体内に吸収できるようだ
少しずつ　少しずつ　体内に入っていく
太陽とつながっているようだ　気持ちいい
これがパラダイスなのか……
パラダイス　パラダイス　PARADAISE

パプアニューギニアの子どもたち

私は広場で座って足を広げ、はるか遠く青い空を見ていた。放心状態だった。娘さんたちの輪が近くにある。何かこそこそと話し込んでいる。私は耳を傾ける。彼女たちは「ヘリコプター」とも言っている。ヘリコプターがどうしたというのか？

私はふと直感した。そして彼女たちに言ってやった。

「ヘリコプターＯＫ、ヘリコプターＯＫ、我々はヘリコプターで帰ります」

彼女たちはびっくりしていた。そして私に向けてニッコリ笑った。彼女たちだけの会話であったなら、ヘリコプターという言葉はありえない。私にヒントを与えてくれたのだ。

私と娘さんたちの会話を聞きつけて、男たちが四、五人集まってくる。そして彼ら同士で話している。

〝This man can understand.〟

村人たちは感心していた。そして一人の男が私の横に座った。私は言う。

「明日もセスナは来ませんね」

〝Yes, cessna is no coming.〟

男ははっきりそう言い、私の目を見て首を縦に振った。

「二、三日ここに居て、そのあとへリコプターで帰ります」

「Good……あなたは我々の友達です」

男はそう言うと、私の手を握った。そのあと数名の男たちが続けて握手しに来る。

〝Good,Good……〟

私はまた遠い青空を見ることにした。どうやら彼らは〝人食い人種〟ではなさそうだ。それにしても、これから先いったいどうなるのだろう。

それから十分ほどたったろうか、やけに騒々しい。見れば、滑走路の上にある小学校から子どもたちが走って降りてくる。百人近くが叫びながら！　すごい光景だ。

一体なにが起こったんだ？　私は完全に圧倒されてしまった。私の方に向かって来ているが、どうやら私のスコープで野鳥を見たいらしい。子どもたちは途中でなぜか立ち止まり、私の目を見る。そして一瞬、逃げるかっこうをする。私が大きく手招きをする。するとまた一斉に叫びながら走って来る。

私は無心になって子どもたちの輪に入った。スコープでまず小学校の教室を大きく見せた。遠くにいる先生が「目と鼻の先」に見える。子どもたちは大喜びで〝すごい、すごい〟と繰り返す。元気な男の子ばかりが見るので、つぎは女の子の番だ。そしてつぎは小さな子どもの番。私は子どもたちを三つのグループに分けてウオッチングさせた。

枝に止まっているオウムを大きく見せた。花を大きく見せた。遠くの山々も大きく見せた。彼らはとても感動してくれた。ただ遠くの物が大きく見えるだけである。ただそれだけのことだが、それだけでいいのだ。私も子どもたちと同じ気持であるから、スコープを持ってきた。彼らと同じ次元なのだろう。彼らとひとつになる。

子どもたちがあまりにはしゃぐので、先生が出て来られて注意する。「レンズにさわってはいけない。倒してはいけない」、そんな感じのことを言われていた。先生の注意が終ると、またウオッチングである。私はうれしくてたまらなかった。

そんなとき、メンバーが大きな声で号令をかけた。

「集合！」

会議の招集である。広場全体が静まりかえった。

一十一は二一か?

我々五名は滑走路(広場、草むら)の真ん中に集まり、輪になった。メンバーは真剣な目になる。村人たちも我々を遠巻きにして見ている。我々を暖かく包み込んでいるようにも、包囲しているようにも見えた。こそこそと話し込んでいたり、じっと様子を見ているだけの者もいる。だいたいからして彼らはなんでずっと、ここにいるのだろう。

村の幹部たちは離れた所で少し真剣な目で話し込んでいた。我々が不安になっていることを充分に理解していた。まさに「砂の女」の世界である。

Sさんが一言、「どうするか? ヘリコプターを呼ぶか?」。

ヘリコプターをチャーターすれば九〇〇K、セスナだと四八Kである。TさんがF君に尋ねる。

「明日はセスナが来るのか?」

F君は答える。

「たぶん……、おそらく、来ると思います」

つまり明日もセスナが来るか不明ということだ。彼がゲラウンの村に戻って無線機を使うとヘリコプターをチャーターできるが、セスナとは連絡が取れないと言う。

「そんなばかな話があるか。ふざけるな」

怒鳴られてF君は少し怒ったような顔をする。全くおかしな話である。みんなはとても疲れていたので、それ以上は詰め寄らなかった。結局、我々はヘリコプターを呼ばずに、明日もセスナが来るのを待つことになってしまった。

私は言う。

「明日もセスナは来ないと思います……」

しかし、その意見は受け入れられなかった。私も説明の仕様がなかった。F君が嘘つきであることはメンバーも理解している。しかし村全体が嘘つきであることを認めきれなかった。うすうす感じてはいても、それを認める勇気がないのだ。

「一＋一＝二」を否定する勇気がない。

私は言う。

「一＋一＝二ではないと思う」

メンバーが言う。

「一＋一＝二としなければ何も進めないじゃないか！」

私は安部公房の根底にある「原点主義」の重要性を感じた。村全体が我々にアピールしたかったことは原点主義ではなかったか。それを乗り越えられて初めて日本とパプアニューギニアの交流が可能なのである。

以前読んだ戸井《とい》十月《じゅうがつ》さんの旅行記につぎのような出来事が記されていた。

南米のコロンビアからエクアドルに抜けようと国境にたどり着いた。入国審査の列に並んだ。しかし一向に窓口を開ける気配がない。一部の旅行者は係員に賄賂《わいろ》のようなものを渡して無事に国境を越えていったが、彼は結局二日半も足止めをくらった。ようするに自由な旅行者は国内に閉じ込めてお金を落としていってくれということだった。「危険な目にはあわせないから心配するな」と言う。

彼は怒って係員に詰め寄った。そのときに年老いた旅行者が彼にアドバイスしたそうだ。

「これが南米だよ。まあ、あんまりあせりなさんな」

彼は旅とはこういうものかと感じたそうだ。

しかし、我々には充分な食料と住まいが与えられていないのだ。

F君に我々の会議の結論を伝える。彼いわく「ヘリコプターOK?」。

「ノー、明日のセスナを待つ」

「ヘリコプターは呼ばないんですね……」

彼はめんどうくさそうに、ポケットに両手をつっこんで、だらだらと歩いていった。

私は「進化論」で有名なガラパゴス諸島のイグアナのように〝日光消毒〟を始めた。まさにここは陸の孤島か。我々もイグアナのように独自の進化をしてしまうかもしれない。十年後に日本に戻ったら異民族になっているだろう。おもしろいだろうな、ハハハハハ……。

そこへF君がのそりのそりとやって来て言う。

「マウントハーゲンはとても危険な所でガイドできない」

一瞬、何のことか分からなかったが、おそらく当初、彼のガイドでマウントハーゲンに行く計画があった。そのことを言っているのだろう。だったら早く言ってくれなくては困る。我々はここで非常食も用意してないのだ。数日間ここに滞在するなら、それなりに村の人との対応ができたのだ。

そして彼はさらに言う。

カメラを向けられてはにかむ少女

「夢野先生……一〇Kください」

私は彼の目を見た。しかし彼の心は見えなかった。そしてまた少し疲れた。彼は常に我々の足元をすくうような行動をとる。我々は、彼がまともにガイドしてくれたなら、当然別口で謝礼をする予定だった。それにしても、こんな行動しか彼はとれないのだろうか。

しばらくして男たちが次々にやってくる。

〝Mt.Hagen, denger……, ruscal , rucal.〟

「はいはい分かった……」

私は男たちに「五目ならべ」を教えた。彼らは「チェスのようだ」と言った。

ある男が私にあるものを差し出す。強い香りのする天然の香木である。これを買ってくれと言う。私は買わなかったが、もし数万円で購入できたなら今ごろたいへんことになっていただろう。女性にもてて、とんでもなくなってしまうことは確実だった。私はいつも〝あと一歩の一押し〟ができない。

パラダイスは霧の中に

我々の前に恐怖と感動が交互にやってくる。異常空間にやって来て、何が現実で、何が夢なのか分からなくなる。これを「胡蝶の夢」と言うのか。荘子の言葉である。

私は一人になりたくて広場を離れた。しかし村人たちは私のもとに集まってくる。

少年たちが来て、捕まえてきた鳥を私に差し出した。

「そんなものいらないよ」

すると少年たちは枯れ草を焼き、その中に放り込むと、焼き鳥にしてまた私に差し出す。これも私は断った。しかたなく少年たちはそれを分け合って食べ始めた。私は心から、すごいなあと思った。子どもたちを羨望の目で見た。

すると少年らはさっと立ち上がって走り出し、ゴム銃を取り出して枝に止まっている野鳥を小石で襲撃した。これは残念ながら失敗したが、やはりたくましい。

今度は娘さんたちが来た。彼女たちはとてもはにかみやで、かわいい。感情をストレートに表現し、そして飾り気がない。私にミカンをくれると言う。

「ありがとう。テンキュー・シー・シェイプアップ」

娘さんは微笑んでくれる。

「これはネーブルですか?」

〝Yeah.〟

「これはオレンジですか?」

〝Yeah.〟

彼女たちは細かなことにはこだわらない。

彷徨《さまよい》

私はその場も離れ、さまよう
彼らに圧倒されて自分がつかめなくなる
しばらくして大パノラマなる大地が展開する丘に立つ
下界を望むと山々が連なる
山々は雲を頂き

一八〇度に展開する、まさにパノラマだ
我々がいるのはそれからさらに山のまた上である
まさに秘境である
ほんとうに秘境があった
たまたま薪をかついだ娘に会う
彼女は我に言う　「こ、こ、は、パ、ラ、ダ、イ、ス、だ」
そうなんだ　ここがパラダイスなのだ……

私は村を歩く。ただ、さまよう。恐怖や不安、そして感動や快楽の気持ちすら分からなくなっていくようだ。これは初めての経験である。我々は時間と空間のねじれた世界に入ったのか。三次元を離れ、四次元の意識態をもはるかに超越した高次元の世界だろうか。

我々は高次元へトランスフォーメーションすることによって、さらに高い次元さえ意識することが可能になる。バミューダ・トライアングル（魔の三角地帯）にまぎれこんだのだろうか。

村ではそれぞれの家族が畑仕事をしていた。四名ぐらいの家族が小さな畑で、ゆっくり作業する。畑といっても日本のような平坦地ではない。急斜面を焼き払って、そこにイモやサイ、そしてキュウリなどを栽培する。化学肥料などはなく、焼畑による草木灰などが肥料である。十歳ほどの少年が急斜面を耕している。あんな所で作業していて転げ落ちないかなあ。親がよく作業させるものだ。そんな私の心配をよそに、少年は決して急がず、ゆっくりと作業する。私は少年の様子をただ呆然と見ていた。

彼らはりっぱな働き手として家族を支えている。家族がひとつになっている。ここでは日本の家族崩壊、家庭暴力などはないだろう。そして夕刻になれば、仕事を終えて家路につく。父親が大きな丸太を担ぎ、母親が薪を担ぎ、子どもたちがそのあとをついていく。遥かなる山々をバックにした大パノラマのなか、数家族が通り過ぎていく。

もしかしたら、これらは私のために演出した舞台劇ではないか。これは夢の世界なのか。まさにここは「夢の郷」ではないか。

そのときにふと、何とも言えない不思議な香りが辺りをただよってきた。このような香りは未だかつて嗅いだことはない。しばらくして一帯を霧が立ち込めてきた。またたくまに眼下の峰々は霧で包まれ、さらに今、我々がいるパラダイスも霧に包まれていった。数メートル先も見えない。

ふと夕靄《ゆうもや》の中から現れた娘が私に言う。

〝Paradise is in the snow.〟

〝In the snow ?〟

まさにパラダイスは、雪のような霧の中に包まれていった。まるで汚れた虚構の俗世間から守るかのように、霧はこのパラダイスを包み込む。

娘たちは夕方にもかかわらず、私に「モーニン」と言う。私はモーニングもアフタヌーンもこだわらないのかと思い、「モーニン」と返す。すると娘たちは笑いながら言う。

〝Now is afternoon !〟

彼女たちはケラケラと笑いながら霧の中に消えていった。もう村人たちは私に嘘はつかない。昔、山また山奥にシャンバラという理想郷（ユートピア）があると聞いていた。それはまさに、ここではないか。私はいったい……。

とんでもない所に来てしまった。

狂気になりそうだった。

嘘とは何だ

夕刻、私は思惟喪失してきた。他のメンバーも精神的、身体的疲労の色を隠せなかった。みんな目をトロンとさせ、薄笑いをしている。熱を出して寝込む方もいた。

私はもう限界だと思った。明日もセスナは来ないことを私は知っている。他のメンバーは明日にはきっとセスナが来ると信じている。

明日もセスナが来なかった後、一人でも体調が悪化したら、とんでもないことになる。レイの町へ行けば、日本が出資した大きな病院があるらしいが、入院手続きなど我々にはできない。ガイドの彼は全くあてにはならない。入院できたとしても、どれだけの金額がかかるのか。旅行保険には入っている、がサービス料などと言って請求してくるだろう。だいたい保険なんかきくのか。それに、はたして病院は退院させてくれるだろうか……。

私はメンバーに言った。

「ヘリコプターを呼びましょう」

私はそう判断した。

「ここには無線機はないはず。ヘリコプターは明日の朝でないと呼べないはずではないか！」

とメンバーは言う。

「ここには無線機があるはずです。だから今でもヘリコプターは呼べるはずです」

メンバーは呆然とする。そして私に対して怒る。

「おまえ、なんでそんなことを知っているのか！」

私は言う。

「当たり前じゃないですか。空港に無線機がないはずはないです」

私は通りがかりの村人に言った。

「我々は明日、ヘリコプターで帰ります。今、手配してください。手配するのはセスナではなくてヘリコプターです」

彼は私に確認する。

「ヘリコプターＯＫ？」

私は答える。

「ヘリコプターＯＫ」

彼は〝Good.〟と言ってニッコリ笑うと、私をどこかへ案内する。無線機は空港にはないはずだ。

村人は空港の事務所に行きかけた。そして急にもどって教会の牧師さんの家へ向かった。これはパプアニューギニアのユーモアというやつか。

村人は牧師さんに説明した。牧師さんは納得して私に言う。

「ヘリコプターＯＫ？」

私は答える。

「ヘリコプターＯＫ」

牧師さんは〝Good.〟と言う。私は「こんなすばらしいパラダイスを見せていただいたのだからヘリコプターでＯＫです」と述べ、無線機の確認をしたいと言った。しかし牧師さんははっきりＮＯと言う。なぜ見せてくれないのか、そのときは分からなかった。そして牧師さんは私に言う。

〝You are our member.〟そして「いつでもこのパラダイスに来なさい」と言う。

私はこのとき気づいた。村で一番偉いのは牧師だ。

ここは単なる村ではなく、パラダイスでありシャンバラである。私はその場を離れ、宿に戻りメンバーに説明した。メンバーは唖然として言う。

「無線機はここにはないはずだ。なぜ連絡がとれる！　牧師のところに案内しろ！」

私は案内した。メンバーは牧師に尋ねる。

牧師さんいわく、「ここには無線機はない。明日はきっとセスナが来る」。

何が何だか分からず、キツネにつままれた気分で宿に戻る。メンバーは私にどなりつける。

「いいかげんなことを言わないでくれ！　気は確かか！」

私は何も答えられなかった。

牧師さんが私に無線機を見せなかった理由は分かった。無線機を私に見せてしまったら、私はメンバーにその事実を報告するだろう。そうしたら、メンバーは怒って大混乱になるだろう。ここでは一歩踏み外せば命取りである。とんでもない綱渡りは続く。

この村に無線機はあるのか、ないのか？　牧師さんは嘘をついているのか？　村人たちは嘘をついているのか？　嘘とはいったい何か？　「ヘリコプターOK」とは？

ドイツの小説家ジャン・パウルの言葉。

「嘘はそもそもこの世にまだ真実があるという幸せなことである」（恒吉法海《つねよしのりみ》氏の訳）

八月十七日、セスナに乗れ

八日目になる。夜明けとともに目を覚ます。覚ますといっても昨夜もほとんど寝てない。自分がおかれている状況に頭の中は混乱していた。食事もバナナだけをとる。イモはもう食べられない。サイはなぜか今朝は油で炒めてある。今日でお別れなので奮発してくれたのだろう。

私はメンバーに説明する。「今日はセスナが来るけど、ヘリコプターで帰らなくてはならないです。今回の旅のキーポイントです」

メンバーいわく、「おまえ、まだ気がおかしくなっているのか。熱があるんじゃないか?」。

そこで私は村の青年の前で言う。

〝We are helicopter, You are cessna.〟

青年は言う。

〝Yes.〟

私はメンバーに言う。

「こういうことです」

村の人たちは移動する場合、安価なセスナを利用するが、我々のような観光客はヘリコプターを利用して、それ相応の金銭を出さなくてはならないのだ。しかしやっぱり理解してくれない。

「この青年はお前が何を言っているか分からないんだ!」

私はそれ以上、言わなかった。とにかく我々は荷物をまとめる。そして歩いて五分、空港に着く。今日は確実にセスナが降りるのだろう。滑走路横の倉庫の扉が開けてある。昨日は締めてあった。張り紙で締める理由が書いてあったのを、私は読む気にはならなかったのだが、写真に撮っておけばよかった。さぞやユーモアのある理由が書いてあったはずだ。

村の娘たちがバナナやパッションフルーツをプレゼントしてくれる。

私は再びメンバーに説明する。

「倉庫は開いている。セスナは来るが、ヘリコプターで帰らなくては……」

メンバーはすかさず言う。

「セスナが来たら乗ればいいんだ！」

私はとうとう怒った。広場に緊張が走る。村人たちは我々をじっとみている。メンバーのチームワークが壊れかかる。これが最も危険で恐ろしいことだ。戦場では、敵からの攻撃と同様に内部分裂が敗北の要因となる。そのために戦地では完璧な縦社会を作らなくてはならない。しかし今回の旅では縦社会は作れない。その代わりに徹底的な合議制を敷かなくてはならない。年齢や肩書きなど関係ない。全員が対等に意見を述べることが前提である。それができなかったら敗北である。私はとてもつらかった。村人たちは心配して私の方を見る。

確かに八時三十分すぎにセスナは来た。そして確実に滑走路に降りた。昨日のように上空を旋回などしない。メンバーはセスナの方へ急ぐ。私は一人、広場に残る。メンバーはセスナに乗り込んで出発を待つ。

十分ほどたっただろうか。セスナは出ない。村人たちはニコニコして私を見ている。

私はとにかくヘリコプターを待った。しかし、ヘリコプターは来ない。村人たちはニコニコと笑っている。私は座って待った。昨日の朝はセスナを待っていたが、今朝はヘリコプターである。娘さんたちがプレゼントと言って果物をたくさんくれる。とても持ち帰れない。

さらに十分たっただろうか。村人たちは静かに私を見ている。セスナのパイロットも遠くで私をじっと見ている。そして牧師さんが来て私に言う。

〝Go to cessna.〟

私は言う。

〝No, thank you.〟

しかし牧師さんはセスナに乗れと言う。私はあっけにとられて「はあ?」と尋ねる。なんだかよく分からない。とにかくセスナの方に歩いた。

牧師さんが〝Can you understand ?〟と聞く。

私はしばらく間をおいて、〝Understand.〟と答えた。

彼らはただ我々にパラダイスを知ってほしかったのだ。自分たちの村を誇り、自慢したかったのだ。昨夜、無線機でセスナだけを呼び、ヘリコプターは呼んでいなかった。「ヘリコプターOK」というのは、村が好きで、パラダイスを理解して、パプアニューギニアが好きであるということなのだ。彼らはお金なんか欲しくなかったのだ。

私はセスナの方に向かった。するとだんだん思いがこみ上げて来た。涙が止まらない。

私はうれしかったのに、なぜか涙が止まらない。三十八年間の人生で感動の涙は初めてであった。

娘たちが話しかけてくる。とても目を合わせられない。メンバーが言う。

「女の子が握手しようと言っているよ」

しかし私はとてもできなかった。セスナは離陸した。

F君はどこまで……

我々を乗せたセスナは無事にレイの空港に着いた。荷物を預けていたF君のおじさんの家に戻る。我々の荷物はすべてあった。一息つく。今後の計画はどうしよう。F君にガイドしてもらうわけにはいかない。

十九日にはポートモレスビーに着いていなくてはならないが、マウントハーゲンの町は危険のようだ。結局、マダンに行くことになった。マダンはマリンスポーツのメッカである。観光地化しているので治安はいいようだ。夕刻の十九時五十分の便で行くことになった。どうにか旅のピークは超えた……かのように思えた。

しかし、〝一難去ってまた一難〟である。F君がまたむちゃな要求をしてきた。我々がF君のおじさんの家に泊まったときの電気代、ガス代、サービス代として二〇〇Kを請求してきたのだ。我々は言う。

「市内の高級ホテルの宿泊代が五〇Kである。我々は日本からそこに予約していたのに、君が〝無料〟でおじさんの家に泊まってくれと言った。無料だと言っておいて二〇〇Kの請求はおかしい」

「払ってくれないと国際問題になります」

「何が国際問題だ。おまえはパプアニューギニアの代表のつもりか！」

「あなたがただけで旅ができましたか？」

「おかしなことを言うな。そんな次元で言っているのではない」

「僕が請求しているのではない。おじさんが要求している」

「だったら叔父さんに会わせろ！」

「今はいない」

「なら、だめだ」

Sさんの英語力があったからこそ可能な態度であった。

F君は無言のままだ。私は言った。

「冗談で言っているのだろ？」

「冗談ではないです」

私は冗談だと信じたかった。この四日間、コンゲとゲラウンで体験した感動がさめやらぬときに、F君もこれらの村の方と同じ人間性があると信じたかった。だがしかし一旦、現代文明に、お金にどっぷりと漬かってしまった彼は村人とは別人だ。残念だった。

彼は日本国の国費留学生である。元留学生ではない。今から数年、日本で学ぶ立場にある。我々をおちょくっているのか。

ナザブ空港へ

我々はF君に二〇〇Kなど払わずに家をあとにした。彼に対するガイド料も払わなかった。ガイドをしてくれなかったのだから当然である。

私は別れるときに握手をしようと手を差し出すが、彼はブスッして手をだらりと出す。握手にはならなかったが、私は手を握った。ブスッとしながらも、私に対して手を出したことで、すでに彼の敗けである。

彼との健全な関係は無理だと判断していたが、しかし一応、旅のけじめとして握手をしたかったのだ。それに、我々はまだレイの町を離れていない。飛行機でレイの町を離陸するまでは、何が起こるか分からない。もしかしてまたF君と会わなくてはならない事態の可能性は充分にある。だから彼を無視して家を後にするわけにはいかなかった。

F君の見送りはなかった。残念なことだ。しかし親戚の青年が親切に送ってくれた。彼らは常に我々と友好的に接してくれる。

さて空港に向かうことにした。この町にはタクシーはほとんどない。公営のバスがあるが、これも夕刻だと動かない。町には町の事情がある。しかたがないことだが、どうしよう。知らない町でガイドなしの旅はたいへんだ。

以前、バンコクでも同じような経験をした。宿から空港へ向かうのに、一時間あれば着けるだろうと思っていた。ところがラッシュの時間帯だったため三時間以上かかった。そのときはどうにか出発に間に合ったものの、今回はこのままでは危うい。

そんなときに偶然、もぐりのトラックが来た。どうやら我々を乗せてくれると言う。運転手は五〇Kと言う。我々は三〇Kと言う。結局は四〇Kで商談成立。まだまだ下げられそうだったが無理はしなかった。さあ一路、空港へ。

道路はメインストリートだけあって舗装してあるものの、かなりガタガタしている。くぼみを避けながら土埃をたちあげて進んでいく。しばらくして空港への一本道となる。もぐりのタクシーと言ってもトラックの荷台に乗るのだ。「こんな経験も貴重なものだ……」と、Iさんが言う。

道端の方が我々に手を振ってくる。何かを言っている。我々も手を振って返す。我々は何度も何度も手を振る。彼らは我々が日本人ということを知っているようだ。彼らはどんな気持で手を振っているのだろう。今、この町で我々はどんな存在なのだろう。こんなことでたっぷりとパプアニューギニアを感じることができる。そして逆に日本人を感じることができる。

海外旅行は日本を知るためであると誰かが言ったが、確かに日本人を客観的に眺められる。

カメラを向けるとみな微笑んでくれる

海外の観光地に行っても日本人はすぐ分かる。無口でよく観察して遠慮がちに歩く。かたや中国系の方はやたらと目立つ。愉快によく会話しながら歩くからである。

さて、道半ばで車がエンストしてしまった。エンジンルームから煙が上がっている。

「だいじょうぶかあ、こんな所で……」

しかし運転手はさりげない顔をして車を降りる。そしてエンジンルームを開けて二、三度たたく。するとなぜか治ったという。不安だが、とにかく一路、空港へ。

空を見上げると、前方になんと虹が二重に広がっていた。まさに地平線というものがあり、その上にかぶさるようであった。

日本で水平線を見ることはたやすい。しかし地平線というものは日本ではなかなか見ることができない。パプアニューギニアの大地では地平線がはるかに広がっている。夕暮れの空のもと、はるかにつづく地平線には人工物がない。ただ大地が一つの線をなしている。地平線は続く。ただそれだけのことだ。

虹

はるか大地の上に虹がかかっている
そして地平線の上に虹がかかっている
あっ……虹だ！　だれかが言った
あっ……ほんとうにかかっている
一重ではない　二重である
ほんとうだ……　しばらく見とれる
我々を祝福してくれるかのように大空に虹はかかっている
我々の旅はつづく

一時間ほど経過したが、空港には着かない。すっかり日は暮れ、周辺は明りもなく真っ暗だ。ほんとうに空港に向かっているのだろうか。感動したあとは必ず不安がやってくる。我々は無口になった。

以前にYさんという船乗りの友達から聞いた話だが、フィリピンで夜、居酒屋で飲んだあと、タクシーに乗ると、目的地と反対の方向に走っていく。注意しても止まらない。彼は後ろから首を締め上げて止めさせ、そして逃げた。近くのトイレに逃げこみ、その夜はそこで夜を明かしたという。

不安をよそに、トラックはいつしかレイのナザブ空港に着いた。ここの空港に着けばもう安心できる。コンゲの空港とは異なるのだ。搭乗手続きをする。永らくトラックの荷台でホコリを吸い込み、みんな喉が痛い。Sさんがうがい薬を持っていたので助かった。海外旅行ではうがい薬も必需品である（日本に戻っても二、三日は喉が痛かった）。

十九時五十分、レイを飛び立つ。

〝Good bye, Lae.〟

旅の終りに

マダンのホテル

三十分ほどでマダンに着いた。あらかじめ電話で予約していたコーストウオッチャーズ・モテルの方が迎えに来てくださっていた。我々は車に乗ってホテルに向かい、十分ほどで着く。荷物を置こうとすると支配人のような方が出てきて言う。

「エアコンの故障で泊まれない。別のホテルを紹介しよう」

我々は了承する。コラルシー・ホテルに連れて行ってくれる。

コーストウォッチャーズ・モテルは実のところエアコンの故障ではなく満室であったのだろう。しかし一応、我々を呼んでおいて、別のホテルを紹介したのだろう。これも〝嘘〟であろうが、このような嘘はついてもよいものだ。親切でしてくれたのだ。もちろん紹介料として何らかのものはホテル間であるだろう。

それにしても外国人はよく嘘をつく。日本人はこのような嘘に全く慣れていない。よく外国人が「なぜ日本人はジョークが通じないのか」と言うが、我々は嘘に対して敏感になっておく必要がある。そうでないと外国人とは付き合いにくい。

日本がバブル経済の末期に海外に投資して、結局は倒産によって大打撃を受けた。いわゆるバブルの崩壊である。これらも元はといえば嘘に対する鈍感さからきているのではないかと、私は思う。ときたま、「僕は感がにぶくて」などと自慢のように言う人がいるが、しかし、これは何の自慢にもならない。わざとボケてウケを狙う人もいる。シンプルであることが知的だと思っていたりする。

とにかく今夜はここに泊る。明日の朝またコーストウオッチャーズ・モテルの方がエアコンを治して迎えに来るという。

ちょっと臭う。くんくん……ちょっと変だが、まあいいか。我々は部屋に荷物を置く。ベッドに横になる。そして普段着に着替えてテレビを見る。エアコンがついていて気持いい。ここにはノミはいない。

ホテルには大きなプールがある。ひと泳ぎする。そして部屋に戻ってシャワーを浴びて、ヒゲを剃る。実のところ我々は一週間ぶりにヒゲを剃ったのだ。伸ばし放題の無精ひげ姿、写真に撮っておけばよかった。そういえば空港でも周りの方が変な目で見ていた。トラックに乗っていたときに村の方が手を振ってくれたが、実のところ彼らは我々の旅を見通していたのかもしれない。ここのホテルの方も今ごろ、〝無精ひげのドジの日本人の五人組〟をおかしく憶測して笑っているだろうか。

床につく。一週間ぶりに眠れた。熟睡……。

八月十八日、寄せては返す波

気持ちよい朝を迎える。天気もいい。リゾートホテルであって、波の音がする。ザー……ザー……。まあ普通は海外旅行といったら、こういう所に来るものだろう。レイの町で、雑貨屋のフィリピン人オーナーがマダンに行くようアドバイスしてくれただけはある。昨日までいた所は夢の世界だったかもしれない。

我々は荷物をまとめて、フロントでコーストウオッチャーズ・モテルの方を待つ。しばらくして来られたが、彼らは「エアコンがまだ治らないからここのホテルに泊まってくれ」と言う。我々はなんとなく了承した。彼らはニコニコしている。実はエアコンの故障ではなく今朝もまだ満室ということだろう。私は感づいていたが、メンバーには何も言わなかった。別れるときに私はホテルの方に「テンキュー！」と言って手を差し出した。ホテルの方はにっこりと笑い、〝Good !〟と言って強く握手してくれた。罪のない虚偽というものだろう。

我々は朝食をとる。バイキング方式で好きなだけ食べることができる。ハムエッグあり、フルーツあり、コーンフレークまである。まあ、リゾート地ではこれがあたりまえか……。

食後、ヤシの木陰で海を眺める。リゾート気分でも味わおう。ベランダに出て椅子にかけ、パッションフルーツのジュースを注文する。かわいい娘さんがにっこり笑って差し出してくれた。優雅なものだ。王様気分で写真を撮らせてもらった。しかし旅の疲れか、ぎこちない。

寄せては返す波

寄せては返す波
常夏の島
カニが我々のすぐそばまで来る
カニは波の動きにあわせて戯れている
誰かが「これを捕まえて食ったらうまいだろうな……」と言った
我々はなんとなく目でカニの動きを追いかける
誰かが「捕まるかなあ……」と言う
我は捕まえようと追いかける
しかしカニは我の動きを見通していて
波が引くのにあわせて岩の隙間から消えていった
カニは波のかなたに消えていった
我はまた椅子にかける
パッションジュースをひとくち
炭酸のかおりが常夏の海に広がる
我はグラスをマダンの海と空にかざした

グラス越しにパラダイスが見える
パラダイスの夢も炭酸の泡のように消えていった
そしてちいさな泡も夢のように消えていった

ホテルでクリーニングのサービスを頼んだ。細かいことは確認しない。一二〇〇円ほどであった。Tシャツも出したが汚れは落ちていない。汚れというかノミなどにやられた血痕だ。記念に持って帰ればよかったが、捨ててしまった。

土産物屋もある。年配の方がカービングという彫物をこつこつと作っている。セピック地方のものは有名で、世界的に芸術的な価値が認められている。極楽鳥を彫ったものや、人形、ワニ、「チャンプリマスク」というお面もある。

「いくらですか?」

おじいさんは「五K」と言って五本の指を差し出した。

私は「三K」、おじいさんは「ノー」。「四K」、「OK」。商談成立である。私は他にガラムットという楽器や極楽鳥の飾りなどを買った。

部屋に戻るとテーブルにヤシの実が置いてある。

「どうしたのですか?」

とTさんに聞くと、

「ヤシの木陰で休んでいたら上から落ちてきた。すぐ横に！」と言う。もし直撃していたら即死だっただろう。私は唖然とする。事件は絶えることなく起こる。危機一髪の事件だったが、しかし、もう我々は慣れてしまっていて、笑い話として片付けた。南方へ旅行される方！ ヤシの木陰は要注意！ ヤシの木陰でランデブーなんて自殺行為です。

近くにはスーパーもある。歩いて十分ほど。すれ違う現地人は観光客慣れしていて自然体である。我々もレイの町と異なり違和感はない。治安もよさそうだ。

パプアニューギニアのコーヒーやTシャツなどを買う。そしてカセットテープ。私は店の方に言う。

〝I would like to feel Papua New Guinea.〟

店の方は「OK！」と言って、いくつか紹介してくれた。私は二本ほど買った。「テンキュー！」。物ひとつ買うだけだが、言い方しだいで交流ができる。このときのテープは今もときどき聞いている。「パプアニューギニア・ナンバー・ワン……」という内容だ。ハートが伝わる。

露店市場の風景

戦争のあと

午後はホテルの紹介で半日観光する。ガイド付きである。

露天市場へ行く。日本のフリーマーケットのようであり、心が安らぐ。パパイアが一個四十円ほど。完熟でとてもうまかった。タロイモを買う。日本で栽培できないかと思い、芽の出る部分だけを切って持ち帰った。税関で通らなければ捨てればいい（結局、税関は問題なく持ち込ませてくれたが、実際の栽培は残念ながら失敗した）。

太平洋戦争の記念館もあった。パプアニューギニアは大戦の激戦地であった。「ラバウル小唄」で有名なラバウルはパプアニューギニアの都市である。記念館で戦争の悲劇的な写真や遺品を目にして感慨無量になる。日本人墓地に行くと、実にささやかなものであった。レイの町で見たオーストラリア人の墓地と比べると、雲泥の差である。

ペンキか何かで落書きがある。〝JAF'S〟と書いてある。アメリカでは、日本人の蔑称として「JAP《ジャップ》」を使うが、ここでは「JAF」と言っているのだろうか。つまりこの墓は日本人の墓ということだろうか……。

私はガイドに聞く。

「〝JAF〟はよくない言葉ですね？」

すると彼ははっきり「イエス」と言う。

戦争とはいったい何だろう。戦争はゲームなのか。戦争に勝つと永遠に優位になるのか。

八月十九日、「キリマンジャロの雪」

朝の目覚めが気持ちいい。疲れは充分にとれた。日本だったらスズメがチュンチュンと迎えてくれるところだが、ここマダンではオオコウモリの集団が高木に鈴なりにぶらさがっている。パプアニューギニアには九十一種類ほどのコウモリがいて、マダンにいるのは「メガネオオコウモリ」だそうだ。

昨日と同様に朝食をとる。そして帰りの準備をする。

九時三十分にホテルを出発。マダンの空港を十時五十分に離陸し、十二時三十分、ポートモレスビーのジャクソン空港に到着した。

ポートモレスビーの語源は、一八七〇年に訪れたイギリス海軍モレスビー提督の名にちなんでつけられたそうだ。独立国家とはいえイギリス連邦の一員であって、エリザベス二世を元首としている。エベレスト山は今日ではチョモランマという現地語が用いられるようになった。私はパプア人による現地の名前を使ってほしいと思う。

ジャクソン空港の待合室では、派手な民族衣装のおじさんがいた。写真を撮ったら二Kを要求してきた。そういう商売なのだろう。

十六時三十分に離陸。パプアニューギニアを後にする。感無量。あまりに感慨深く、言葉にならない。

窓から下界を望むと峻嶺なる山々が連なっている。雪をかぶっている。私はふと、ヘミングウエイの小説『キリマンジャロの雪』を思い浮かべた。


キリマンジャロは標高六〇〇七メートル、雪に覆《おお》われた山で、アフリカの最高峰と言われている。その西の山頂は、マサイ語で〝ンガイエ・ンガイ〟、神の家と呼ばれているが、その近くに、干からびて凍りついた、一頭の豹《ひょう》の屍《しかばね》が横たわっている。それほど高いところで、豹が何を求めていたのか、説明し得た者は一人もいない。

（高見浩訳『ヘミングウェイ全短編』新潮社）


なぜヒョウは山頂まで登ったのか？ これは山頂にて命が絶えたという想定である。あくまで小説だが、禅問答のようである。

しばらくしてメンバーと話す。

「なぜ君が村に残ろうとしたのかが分からない」

私は言う。

「ヘリコプターOKだったんです」

「………」

機内サービスでなぜか靴下も配られる。私の直感であるが、冒険の旅の若者がいるだろう。着替えもなく足が臭いと周りの方に迷惑である。そんな想定で航空会社の配慮というか、ジョークなのだろう。

二十時五十五分、シンガポール空港に到着。

八月二十一日、我家へ ── 旅のはじまり

深夜の一時十五分にシンガポールを離陸。日本時間の朝八時に福岡に到着した。無事にたどり着いたという感じだ。メンバー全員、健康で、けが人もない。ホッとする。今ならマラリア熱を出しても日本で治療できる。地下鉄に乗ると日本人ばかりなので、かえって違和感のようなものを感じた。

吉田兼好の『徒然草』第一〇九段に「高名の木登り」というのがある。木登りは登り終えて、降りるときの最後の一歩が大切。そこで足をくじいたら大変、ということであろう。私は写真フィルムや土産などを詰め込んだスーツケースを大事にかかえて家路につく。

十一時ごろ我家に戻る。家はあった。身内に電話する。これで一応の旅は終わった。

しかし、ほんとうの旅はこれからである。登山にたとえるなら山頂到着である。コンゲの村で牧師さんから言われた。「あなたは我々のメンバーである」。

私は夢野農場でパラダイスを、シャンバラを作らなければならない。旅のはじまりである。

後日談になるが、帰国後、私はF君との後始末がたいへんだった。今回の旅は私が企画したものであるから、後始末も私がしなくてはならない。

大学の方との三者による会合を何度もした。F君いわく「セスナがなかなか来なくて僕はとても心配した……」。私がここでカッとなって手でも出せば負けである。彼は現役の国費留学生だ。マスコミでも連絡されたら彼の〝思うつぼ〟である。

私が以前にまとめたパプアニューギニアの旅行記がマスコミにも採り上げられ、彼の元にも渡った。もし私が嘘をついていたなら抗議しなくてはならない。彼は抗議しなかった。そして結局、大学を中退して国に帰っていった。

彼は私の家に電話してきて言った。

「僕はとてもいけないことをした……」

私は答える。

「あやまらなくてもいい。日本から出て行け」

それにしても、日本の夏はむし暑い。部屋にいるだけで汗が噴き出す。パプアニューギニアは暑いけれど湿気がないから快適だった。「日本の夏」を感じる。

ノミに体中をかまれた傷の治療に三カ月かかった。ともかくも、生きて帰れた。

最後にしらけた結論を言えば、「ヘリコプター代」とは、「村での滞在代金」のことだろう。

しかしF君は、レイへの出発の時点で「滞在費はいらない」と言ったし、私たちが「しばらくレイの村に滞在できないか」と望むと、彼ははっきりと断った。このようなこともあり、我々は非常食などの用意はほとんどできなかったのだ。

現役留学生のF君は本当にドジであった。

私の旅行記を読んで、これらの村に行こうとは考えないでください。いや、我々のように、何の予備知識もなく心構えもなしに、興味と好奇心だけで異文化へ飛び込むのは、あまりにも無謀である。それはこの村に限ったことではないだろう。

世界中のどこへでも行けるようになった現代、どうぞご用心あれ。

原点に戻るということ ―― あとがきにかえて

原点に戻るということはどういうことか。

ゼロの発見というテーマがある。我々がなにげなく用いているゼロなるものは、二十世紀最大の発見だとも言われる。かつてインドでは、ゼロを小さな〝円〟で表していたという。

私が述べたいのは、〝出発点は1ではなく、その前にゼロというものがあった〟ということだ。そのことに気づいたときに、前へ前へ進むだけではなくて、原点へ、源流へ探求する必要性を感じたのだ。

社会の矛盾に対して挫折混迷したときには原点に戻ることだと思う。それによって私の自己を確立したいし、そのことが歴史学というものではないだろうか。

『後拾遺集』に兼明親王の歌がある。

七重八重花は咲けども山吹の実の一つだに無きぞかなしき

私は山吹の花が好きである。あの見事な黄色は特に山吹色と名づけられている。山吹はみごとなっていくか、人間によって移植されなければならない。そんな花を成すが実がない。株で広がっていくか、人間によって移植されなければならない。それに山吹色という色は、人生の原点の香りがするのである。私の農場にも多く植えてある。

このたび私が歴史を求めた旅をまとめたのも、自分の原点を探し、源流をたどっていきたかったからである。温故知新というものでもあろうか。

果たして原点を見つけたかどうか心もとないが、新しい歩みを進めなければならないように思う。旅のことをまとめたこの書の出版は旅の終わりのようなものだろう。私はしばらく旅をやめて農場でがんばりたい。

たくさんの方々のおかげで、出版することができました。心より感謝申し上げます。

二〇〇六年九月二十日

夢野良平

夢野良平（ゆめの・りょうへい）本名・長安達也。
1957年7月23日、山口県下関市に生まれる。下関西高校卒業、島根大学農学部農業工学学科を卒業する。「西日本新聞」に「夢野農場日誌」や「全国農業新聞」に「夢野農場物語」を連載する。エッセイをまとめた「新ｚｅｒｏの発見」「つれつれくさ」などの冊子を発行する。現在、宗像市在住。
ホームページ＝ http://www16.ocn.ne.jp/~yumeno7/

ちょっと旅《たび》に出《で》て

■

2007年1月10日発行

■

著　者　夢野良平
発行者　西　俊明
発行所　有限会社海鳥社
〒810-0074　福岡市中央区大手門3丁目6番13号
電話092(771)0132　Fax092(771)2546
http://www.kaichosha-f.co.jp
印刷・製本　九州コンピュータ印刷
［定価は表紙カバーに表示］
ISBN978-4-87415-610-0